# PSYCHOLOGIE DES FOULES

© 2023. Edico
Éditions : Memoria Books pour Edico
77600 Bussy-Saint-Georges

Imprimé par BoD – Books on Demand, Norderstedt, Allemagne

Créations et illustrations originales : Yoann Laurent-Rouault
(Cat's Society : *yvlr2@outlook.com*)

Préface : Yoann Laurent-Rouault

Illustration de couverture : Yoann Laurent-Rouault
Réalisation et conception couverture : Cynthia Skorupa

ISBN : 978-2-38437-014-6
Dépôt légal : mars 2023

Gustave Le Bon

# Psychologie des foules

*1895*

Memoria Books

Yoann Laurent Rouault est le directeur littéraire et artistique de la maison d'édition JDH. Maître des Beaux-Arts, ancien des métiers de la publicité et de la communication, il est aujourd'hui illustrateur, auteur, biographe, producteur, éditorialiste et rédacteur en chef de la revue littéraire *L'Édredon* de JDH Éditions.

### Les livres illustrés par Yoann Laurent-Rouault pour **MEMORIA BOOKS**, parus et à paraître :

- MEMORIA BOOKS. **1984**, de George Orwell. VO
- MEMORIA BOOKS. **1984**, de George Orwell. VF
- MEMORIA BOOKS. **1984 : Le Collector**. VF
- MEMORIA BOOKS. **The Time Machine**, d'H. G. Wells. VO
- MEMORIA BOOKS. **La machine à explorer le temps**, d'H.G Wells. VF
- MEMORIA BOOKS. **Reminiscences of a Stock Operator**, d'Edwin Lefèvre. VO
- MEMORIA BOOKS. **Mémoires d'un spéculateur**, d'Edwin Lefèvre. VF
- MEMORIA BOOKS. **24 contes illustrés pour attendre Noël**
- MEMORIA BOOKS. **Œuvres essentielles de Chrétien de Troyes** (à paraître)
- MEMORIA BOOKS. **Le livre des esprits** d'Allan Kardec
- MEMORIA BOOKS. **Le capital** de Karl Marx. VF (2 tomes)
- MEMORIA BOOKS. **Capital**, Karl Marx. VO (2 tomes, à paraître)
- MEMORIA BOOKS. **Gatsby le magnifique**, de F. Scott Fitzgerald. VF (à paraître)
- MEMORIA BOOKS. **The Great Gatsby**, F. Scott Fitzgerald. VO (à paraître)
- MEMORIA BOOKS. **Propos de O. L. Barenton, confiseur**, d'A. Detoeuf (à paraître)
- MEMORIA BOOKS. **The Tragedy of Hamlet, Prince of Denmark**, W. Shakespeare. VO (à paraître)
- MEMORIA BOOKS. **La chèvre de monsieur Seguin**, A. Daudet. VF
- MEMORIA BOOKS. **Psychologie des foules**, G. Le Bon

# INTRODUCTION AUX ILLUSTRATIONS DE *PSYCHOLOGIE DES FOULES*

Le travail d'illustrations, qui est le propos de cette notice d'auteur, n'est pas pour une fois une commande de l'éditeur. C'est un acte gratuit. La parution de ce livre concrétise une proposition que j'ai faite au comité éditorial de la maison d'édition, il y a quelques mois de cela. Je m'étais alors lancé un défi : illustrer Le Bon.

Le sujet est évidemment porteur pour un plasticien. Et justement, je voulais livrer un travail essentiellement plastique, réalisé sans les habituelles contraintes éditoriales. C'est-à-dire sans me préoccuper des coûts d'impression couleur, des marges, du papier, de la production et surtout de la couleur du temps.

Je suis donc un auteur chanceux, heureux et plein de gratitude, car, à aucun moment, l'éditeur n'a donné de consignes ni obstrué le processus créatif. Le mécène n'a même pas donné un chiffre de production minimum ou maximum, n'a demandé aucun compte et n'a pas supervisé ma production. Je sais que beaucoup d'auteurs aimeraient vivre ceci.

Je livre donc ici 45 illustrations s'inspirant du chapitrage original *du bon docteur Le Bon,* dont une en finale, qui dérive copieusement sur l'idée nouvelle de la foule numérique. Voyez-y là le goût de « *l'anachronisme apocryphe du plasticien* ».

La foule, c'est une photographie instantanée, un mouvement extrêmement graphique, une impression rétinienne et schématique… un ressentiment, une appartenance physique… une dépendance psychique…

C'est un temps consommé bruyamment, c'est une prise d'élan, de vitesse…

Comme ça peut être aussi un arrêt, une prison, un étouffement.

La foule est immatérielle dans ses mouvements. Elle est imprévisible, ample, étroite et dangereuse à la fois. Elle est suggestive et animale. Tout autant que l'être humain peut l'être individuellement. La foule donne au spectateur une sorte de pixellisation de l'âme de ses contemporains. La masse des corps annule simplement et imparablement l'idée d'identification comme d'identité individuelle. *Être pris par la foule, se perdre dans la foule, se noyer dans la foule, pren-*

*dre un bain de foule...* Les expressions sur ce « mal humain » ne manquent pas. Ce mal...

Graphiquement, la foule est intéressante. Et personnellement, elle m'a toujours amené sur un art « compromis ». Entre figuration et abstraction. Sur une dégénérescence bavarde autant que bâtarde de mes travaux plastiques. Ce qui provoque les recherches de l'esthétisme autant que du message pour toute illustration, sans réellement pouvoir donner une préférence à l'une ou à l'autre.

Je suis devenu ochlophobe au fil du temps. Une vie de citadin trop active a peu à peu gangrené mon appréciation des foules à l'issue de mon premier quart de siècle vécu. Très progressivement, j'ai commencé à fuir le bruit et le mouvement des autres gens, à choisir des heures de moindre affluence pour mes déplacements, puis à éviter concrètement les endroits surpeuplés, comme les stades, les cinémas, les salles de spectacle, les marchés, les grands magasins... Et tout ça sans presque m'en apercevoir. Jusqu'à ce fameux jour d'août sur l'immense plage de la baie de la Baule où la foule était si dense qu'on ne voyait plus le sable. Là, j'ai compris que ma vision intime du monde avait définitivement changé.

D'un naturel solitaire, privilégiant les moments en petit comité, préférant même le duo au trio, me méfiant de « l'irraisonnable de la masse », jouisseur éternel des paysages sauvages et de préférences frustres, contemplateur et philosophe, préférant l'hiver marin aux étés citadins, ce livre était écrit pour moi. Je me devais de donner ma vision « malade » de la foule.

Les regroupements humains m'ont toujours intrigué. Fasciné même. Pourquoi tant de personnes, agissant socialement comme des insectes, ruches, fourmilières et termitières réunies, se donnent le mot sur un évènement ? Sur un panorama, sur un besoin de communication et d'union avec d'autres personnes ? Pourquoi s'entassent-elles ainsi ?

Manifestations, contre-manifestations, meetings, grand-messes, défilés, foires, salons, parades, marches au pas de l'oie, cyclisme, marathons, soldes, cathédrales, enterrements, réunionites, transports urbains, autobus, métros, avions, paquebots, charges héroïques et assauts militaires, assemblées, bureaux de vote, files d'attente, écoles, lycées, universités, supermarchés, stades, piscines, plages, tranchées et hippodromes... *À plus de 4, l'homme est une bande de cons* chantait le grand Georges, et Brel y faisait écho en décrivant *les singes de son quartier*, tandis que Vian dansait *la java des bombes atomiques* et Piaf se laissait emporter par une foule tourbillonnante…

La foule a toujours nourri des créations en tous genres.

La foule est-elle elle-même une idée ?

D'aussi loin que je me souvienne, depuis ma première salle de classe, la foule est mon ennemie. Cette foule, ma foule, était reniflante, à lunettes, à couettes, colorée, bigarrée, tournée et figée dans la même posture d'attente d'une autorité éducative, qui ne me convenait déjà pas.

L'autorité, justement, le *faire comme tout le monde*, la pensée unique, l'action aveugle, le choix et le vote aveugles, autant de notions qui sont pour moi des spectres malfaisants de la foule. De la masse. Du refus religieux et politique de l'individualité.

La répression vient de la foule, et est engendrée par les comportements de cette foule, les lois répressives découlent de la gestion politique des foules. Que dire, sinon que le totem de la foule ne peut être que la matraque ?

La foule peut lyncher, ratonner, tondre, pendre, frapper, humilier, assassiner et j'en passe. La foule est un anonymat fabriqué pour faire mal. La foule est bleue, jaune, fluorescente, rouge, noire, blanche… et, quelle que soit la couleur du serpent humain qu'elle forme, il est pour moi venimeux. La foule, c'est aussi les larmes, le sang et la mort. Piétinement, étouffement, engorgement et noyade. La foule est un sale type, un colosse, un titan, un écraseur de monde, sans morale, aveugle et destructeur de naissance.

Alors, par la lecture de ce court texte, vous avez mon sentiment sur le sujet qui nous préoccupe, et vous trouverez donc son expression plastique avec ces illustrations fonctionnant par paires, sur le principe de la photographie graphique d'une foule donnée dans une situation donnée, associée à « ma » traduction visuelle et artistique de cette même situation. Par exemple, vous verrez ces nazillons modèles 1939 défiler au pas, associés graphiquement à un tas de boulons, devenant là chevilles industrielles et ouvrières du meurtre de masse. Vous verrez des élèves assis dans la salle de classe associés à une boîte de sardines à l'huile. Ou encore, cette file d'attente « covidienne » associée à des chenilles processionnaires en formation, toutes plus urticantes les unes que les autres…

22 situations sont exploitées, toutes atemporelles, toutes associant le comportement humain à l'objet ou à l'animal ou à l'insecte.

Les billes et les CRS, les jeunesses fascistes féministes et les singes blancs, les cyclistes et les fourmis, les procès dits « d'humanité » et le cimetière militaire, le papier tue-mouche et les supporters, les nones et les oiseaux, le trombone et le soldat…

Vous souhaitant une bonne dégustation, des textes du bon docteur, comme de mes images.

**Yoann Laurent-Rouault**

*plasticien, illustrateur, auteur et éditorialiste*

# PRÉFACE

*Psychologie des foules* est un livre paru en 1895. L'ouvrage est devenu un classique du genre dans le département des psychologies sociales. On pourrait résumer son contenu par la phrase suivante : « Gustave Le Bon propose l'idée que lorsque des individus sont réunis, ils ne raisonnent pas de la même manière que s'ils étaient seuls, expliquant ainsi les comportements irraisonnés des foules. » Mais, vous le lirez, c'est un peu plus complexe qu'il n'y paraît. Personnellement, cet ouvrage, composé de trois livres, m'a beaucoup fait réfléchir sur la nature humaine et sur la condition humaine. Le texte est une excellente base de réflexion pour qui s'intéresse à la sociologie et à la psychologie. Son sujet est arborescent.

Polygraphe, Gustave Le Bon intervient, dans le reste de son œuvre, sur des sujets variés, distillant analyses et classifications sur les femmes, sur les civilisations d'Asie ou sur d'autres thématiques, certaines étant polémiques à son époque, par exemple l'éducation ou le darwinisme. On y retrouve une pensée originale et un talent d'observation rare, même si l'auteur est fortement influencé par les mœurs de son époque, et par sa condition. « Le Bon docteur » est l'auteur de 43 ouvrages édités sur une soixantaine d'années et qui seront traduits en une dizaine de langues différentes. Ceci de son vivant. Ces œuvres seront ensuite plusieurs fois rééditées entre 1890 et 1920, et également post-mortem, à de nombreuses reprises, et très dernièrement, avec un grand succès chez JDH éditions, dans la collection des Atemporels et présentement pour Memoria Books.

Les notions et idées qu'évoque Le Bon dans ce livre sont largement présentes dans la conscience individuelle de chacun, dans notre schéma de vie sociale et usuelle, ainsi que dans les politiques du maintien de l'ordre des gouvernements et autres institutions. Même si certaines de ses théories ne font pas l'unanimité auprès de certains spécialistes, fins diseurs et fins connaisseurs du genre, ce texte reste une référence. La sociologie est aujourd'hui devenue une science humaine, ce qui n'était pas le cas au XIX<sup>e</sup> siècle, où on appréhendait tout juste la matière, et de surcroît, par le prisme de l'héritage philosophique du XVIII<sup>e</sup> siècle comme base de réflexion. Venons-en maintenant à la classification des foules. La foule, dans le sens où Le Bon emploie le terme, est différente de l'agrégat d'individus, comme il le nomme. Notre bon docteur disserte sur la foule en tant que telle. Non sur un groupe social en particulier. Un groupe d'individus qui attendent un bus, même massé sous une aubette, ce n'est pas une foule, mais un agrégat humain. Une foule, en revanche, c'est un ensemble d'individus qui convergent vers un même point et vers une même attente. Avec une même envie et une même idée. Le docteur s'attache aux réactions et au comportement de cette foule ainsi définie. Qu'est-ce qui la met en joie ? En colère ? En état de transe ou de tristesse absolue ? Prenons par exemple un deuil vécu en groupe : il devient extatique. Les larmes des autres font couler les vôtres, comme par mimétisme, par ampleur et démultiplication. L'ambiance et le ressenti général vous empêchent de raisonner individuellement. En un mot comme en cent, même malgré vous, vous communiez. Sans forcément d'ailleurs y associer un principe religieux.


Dans le livre I, Le Bon examine les passions et le mode de représentation d'une foule. « Peu aptes au raisonnement, les foules sont au contraire très aptes à l'action. »

Une foule de supporters sportifs dans un stade peut être associée dans son comportement à une foule de fans dans une salle de concert. La passion est communicative. La danse, le chant, le sport permettent à l'individu de s'extravertir dans le contexte anonyme donné par la foule. Ses inhibitions tombent puisqu'il fait « comme tout le monde ». L'individu, même réservé dans son comportement social habituel, trouve dans la foule l'occasion d'agir inconséquemment en groupe. Et plus le groupe est grand, plus ses inhibitions naturelles s'effacent. Tous ces comportements additionnés peuvent amener ce même individu à des actes irraisonnés et dangereux. La bousculade, la bataille rangée, le défi à l'autorité, le viol collectif, le lynchage, etc.

La volonté d'une foule, en colère ou non, peut contraindre une autorité politique à céder. Prenons les cas que sont « les marches », où des milliers d'individus convergent symboliquement par la route vers le centre du pouvoir, pacifiquement, mais avec détermination. Ils sont d'ailleurs souvent victimes sur leur chemin de la brutalité de cette même autorité qu'ils contestent, mais ils restent dignes, comme mués par une volonté divine. La volonté du nombre efface toutes les cautions d'une autorité. À terme. Citons pour exemple la marche du sel de Gandhi ou les marches « noires » organisées aux États-Unis pour combattre la ségrégation. Elles ont eu beaucoup plus d'effets positifs que des émeutes générées dans des grandes villes pour les mêmes raisons. Venons-en justement à l'émeute. La foule en colère annihile tout ce qui se trouve sur son passage, et tout ce qui représente symboliquement son adversaire. On placera donc en face une autre foule pour la maîtriser : des opposants ou des forces de l'ordre. Qui auront les motivations inverses pour agir, mais qui, à terme, auront le même comportement que cette même foule en colère. Puisqu'eux aussi, forces de l'ordre ou opposants, deviendront soumis au « caractère » même de leur propre foule. C'est là un principe martial. Utile à ce que l'on nomme la guerre. En cela, par le spectre de la pensée de Gustave Le Bon, l'étude de cas devient passionnante. Retenons la leçon pour mieux appréhender le travail de l'auteur : une foule est une entité qui converge vers le même objectif ; l'individu est effacé au profit du nombre. Psychologiquement comme physiquement. Un agrégat humain est dans un hall de gare : chaque individu a des vues, des contraintes et des destinations différentes des autres. Il ne se fond pas dans une entité. Comme il le ferait dans une foule.


Dans le livre II, Le Bon examine les origines et les caractéristiques des croyances des foules. Pour ce livre, il va s'attacher, entre autres, aux meneurs de foules, en bref, à la tête de l'organisme humain constitué que devient une foule. L'histoire mondiale est pleine de ces leaders charismatiques, amenant la plupart du temps plus de malheur que de bonheur. La simplification des idées par la foule est aussi étudiée. Comme sa réaction aux « mots ». À l'importance des termes. « Les meneurs ont trois moyens d'action : l'affirmation, la répétition et la contagion. »

De Hitler à Napoléon en passant par quelques wagons de politiciens, théoriciens et chefs de guerre ou d'État, les discours résonnent encore longtemps après la mort des orateurs. Quelles que soient leurs thématiques. Et justement, peut se poser la question de la moralité des foules. De la réponse des foules à leurs propos. Que Le Bon aborde. De la Saint Barthélemy aux pogroms en passant par les génocides divers et variés qu'a connus l'Humanité, les exemples, et c'est rien de l'écrire, sont « foule ». L'auteur démontre aussi qu'une foule peut aller, par bêtise ou par folie, contre ses intérêts. Elle peut aller jusqu'à mettre en péril son existence de corps constitué. Il citera plusieurs cas. Ce qui rejoint, dans l'idée, le chapitre des croyances et des passions. Les chasses aux sorcières, qu'elles soient religieuses ou politiques, sont un exemple frappant de folie et de foi collective qui engendreront des mouvements de foules. Tout autant que les pèlerinages ou les grands-messes. De cette croyance des foules, d'autant plus dangereuse, comme définie précédemment, l'individualité disparaît au profit d'un corps constitué. Commun et indépendant à la fois. Et c'est sur cette notion phare que la lecture de ce livre devient incontournable.

Et puisque nous y sommes, avez-vous un jour tenté d'établir une classification des foules et de leurs leaders, par thèmes et par nationalité ?

Par genres ?

Et ensuite d'en tirer votre conclusion individuelle ?

Non ?

Eh bien, pour mieux comprendre ce qui vous entoure socialement, comme ce qui fait votre contexte de vie, comme ce qui concerne votre liberté, vous devriez peut-être y songer… et lire ce livre.


**Yoann Laurent-Rouault**

*plasticien, illustrateur, auteur et éditorialiste*

# AVANT-PROPOS[1]

L'ensemble de caractères communs imposés par le milieu et l'hérédité à tous les individus d'un peuple constitue l'âme de ce peuple.

Ces caractères étant d'origine ancestrale, sont très stables. Mais lorsque, sous des influences diverses, un certain nombre d'hommes se trouvent momentanément rassemblés, l'observation démontre qu'à leurs caractères ancestraux s'ajoutent une série de caractères nouveaux fort différents parfois de ceux de la race.

Leur ensemble constitue une âme collective puissante mais momentanée.

Les foules ont toujours joué dans l'histoire un rôle important, jamais cependant aussi considérable qu'aujourd'hui. L'action inconsciente des foules, substituée à l'activité consciente des individus, représente une des caractéristiques de l'âge actuel.

---

[1] Rien n'a été changé à cet ouvrage, dont la première édition fut publiée en 1895. Les idées qui y sont exposées, et qui semblèrent alors fort paradoxales, sont devenues classiques, aujourd'hui. La Psychologie des foules a été traduite dans de nombreuses langues : anglais, allemand, espagnol, russe, suédois, tchèque, polonais, turc, arabe, japonais, etc.

# INTRODUCTION

# L'ÈRE DES FOULES

Les grands bouleversements qui précèdent les changements de civilisation semblent, au premier abord, déterminés par des transformations politiques considérables : invasions de peuples ou renversements de dynasties. Mais une étude attentive de ces événements découvre le plus souvent, comme cause réelle, derrière leurs causes apparentes, une modification profonde dans les idées des peuples. Les véritables bouleversements historiques ne sont pas ceux qui nous étonnent par leur grandeur et leur violence. Les seuls changements importants, ceux d'où le renouvellement des civilisations découle, s'opèrent dans les opinions, les conceptions et les croyances. Les événements mémorables sont les effets visibles des invisibles changements des sentiments des hommes. S'ils se manifestent rarement, c'est que le fond héréditaire des sentiments d'une race est son élément le plus stable.

L'époque actuelle constitue un des moments critiques où la pensée humaine est en voie de transformation.

Deux facteurs fondamentaux sont à la base de cette transformation. Le premier est la destruction des croyances religieuses, politiques et sociales d'où dérivent tous les éléments de notre civilisation. Le second, la création de conditions d'existence et de pensée entièrement nouvelles, engendrées par les découvertes modernes des sciences et de l'industrie.

Les idées du passé, bien qu'ébranlées, étant très puissantes encore, et celles qui doivent les remplacer n'étant qu'en voie de formation, l'âge moderne représente une période de transition et d'anarchie.

D'une telle période, forcément un peu chaotique, il n'est pas aisé de dire actuellement ce qui pourra sortir un jour. Sur quelles idées fondamentales s'édifieront les sociétés qui succéderont à la nôtre ? Nous l'ignorons encore. Mais, dès maintenant, l'on peut prévoir que, dans leur organisation, elles auront à compter avec une puissance nouvelle, dernière souveraine de l'âge moderne : la puissance des foules. Sur les ruines de tant d'idées, tenues pour vraies jadis et mortes aujourd'hui, de tant de pouvoirs successivement brisés par les révolutions, cette puissance est la seule qui se soit élevée, et paraisse devoir absorber bientôt les autres. Alors que nos antiques croyances chancellent et disparaissent, que les vieilles colonnes des sociétés s'effondrent tour à tour, l'action des foules est l'unique force que rien ne menace et dont le prestige grandisse toujours. L'âge où nous entrons sera véritablement l'ère *des foules*.

Il y a un siècle à peine, la politique traditionnelle des États et les rivalités des princes constituaient les principaux facteurs des événements. L'opinion des foules, le plus souvent, ne comptait pas. Aujourd'hui les traditions politiques, les tendances individuelles des souverains, leurs rivalités pèsent peu. La voix des foules est devenue prépondérante. Elle dicte aux rois leur conduite. Ce n'est plus dans les conseils des princes, mais dans l'âme des foules que se préparent les destinées des nations.

L'avènement des classes populaires à la vie politique, leur transformation progressive en classes dirigeantes, est une des caractéristiques les plus saillantes de notre époque de transition. Cet avènement n'a pas été marqué, en réalité, par le suffrage universel, si peu influent pendant longtemps et d'une direction si facile au début. La naissance de la puissance des foules s'est faite d'abord par la propagation de certaines idées lentement implantées dans les esprits, puis par l'association graduelle des individus amenant la réalisation de conceptions jusqu'alors théoriques. L'association a permis aux foules de se former des idées, sinon très justes, au moins très arrêtées de leurs intérêts et de prendre conscience de leur force. Elles fondent des syndicats devant lesquels tous les pouvoirs capitulent, des bourses du travail qui, en dépit des lois économiques, tendent à régir les conditions du labeur et du salaire. Elles envoient dans les assemblées gouvernementales des représentants dépouillés de toute initiative, de toute indépendance, et réduits le plus souvent à n'être que les porte-parole des comités qui les ont choisis.

Aujourd'hui les revendications des foules deviennent de plus en plus nettes, et tendent à détruire de fond en comble la société actuelle, pour la ramener à ce communisme primitif qui fut l'état normal de tous les groupes humains avant l'aurore de la civilisation. Limitation des heures de travail, expropriation des mines, des chemins de fer, des usines et du sol ; partage égal des produits, élimination des classes supérieures au profit des classes populaires, etc. Telles sont ces revendications.

Peu aptes au raisonnement, les foules se montrent, au contraire, très aptes à l'action. L'organisation actuelle rend leur force immense. Les dogmes que nous voyons naître auront bientôt acquis la puissance des vieux dogmes, c'est-à-dire la force tyrannique et souveraine qui met à l'abri de la discussion. Le droit divin des foules remplace le droit divin des rois.

Les écrivains en faveur auprès de notre bourgeoisie, et qui représentent le mieux ses idées un peu étroites, ses vues un peu courtes, son scepticisme un peu sommaire, son égoïsme parfois excessif, s'affolent devant le pouvoir nouveau qu'ils voient grandir, et, pour combattre le désordre des esprits, adressent des appels désespérés aux forces morales de l'Église, tant dédaignées par eux jadis. Ils parlent de la banqueroute de la science, et nous rappellent aux enseignements des vérités révélées. Mais ces nouveaux convertis oublient que si la grâce les a vraiment touchés, elle ne saurait avoir la même puissance sur des âmes peu soucieuses des préoccupations de l'audelà. Les foules ne veulent plus aujourd'hui des dieux que leurs anciens maîtres ont reniés hier et contribué à briser. Les fleuves ne remontent pas vers leurs sources.

La science n'a fait aucune banqueroute et n'est pour rien dans l'anarchie actuelle des esprits ni dans la puissance nouvelle qui grandit au milieu de cette anarchie. Elle nous a promis la vérité, ou au moins la connaissance des relations accessibles à notre intelligence ; elle ne nous a jamais promit ni la paix ni le bonheur. Souverainement indifférente à nos sentiments, elle n'entend pas nos lamentations et rien ne pourrait ramener les illusions qu'elle a fait fuir.

D'universels symptômes montrent chez toutes les nations l'accroissement rapide de la puissance des foules. Quoi qu'il nous apporte, nous devrons le subir. Les récriminations représentent de vaines paroles. L'avènement des foules marquera peut-être une des dernières étapes des civilisations de l'Occident, un retour vers ces périodes d'anarchie confuse précédant l'éclosion des sociétés nouvelles. Mais comment l'empêcher ?

Jusqu'ici les grandes destructions de civilisations vieillies ont constitué le rôle le plus clair des foules. L'histoire enseigne qu'au moment où les forces morales, armature d'une société, ont perdu leur action, la dissolution finale est effectuée par ces multitudes inconscientes et brutales justement qualifiées de barbares. Les civilisations ont été créées et guidées jusqu'ici par une petite aristocratie intellectuelle, jamais par les foules. Ces dernières n'ont de puissance que pour détruire. Leur domination représente toujours une phase de désordre. Une civilisation implique des règles fixes, une discipline, le passage de l'instinctif au rationnel, la prévoyance de l'avenir, un degré élevé de culture, conditions totalement inaccessibles aux foules, abandonnées à elles-mêmes. Par leur puissance uniquement destructive, elles agissent comme ces microbes qui activent la dissolution des corps débilités ou des cadavres. Quand l'édifice d'une civilisation est vermoulu, les foules en amènent l'écroulement. C'est alors qu'apparaît leur rôle. Pour un instant, la force aveugle du nombre devient la seule philosophie de l'histoire.

En sera-t-il de même pour notre civilisation ? Nous pouvons le craindre, mais nous l'ignorons encore.

Résignons-nous à subir le règne des foules, puisque des mains imprévoyantes ont successivement renversé toutes les barrières qui pouvaient les contenir.

Ces foules, dont on commence à tant parler, nous les connaissons bien peu. Les psychologues professionnels, ayant vécu loin d'elles, les ont toujours ignorées, et ne s'en sont occupés qu'au point de vue des crimes qu'elles peuvent commettre. Les foules criminelles existent sans doute, mais il est aussi des foules vertueuses, des foules héroïques et bien d'autres encore. Les crimes des foules ne constituent qu'un cas particulier de leur psychologie, et ne feraient pas plus connaître leur constitution mentale qu'on ne connaîtrait celle d'un individu en décrivant seulement ses vices.

À vrai dire pourtant, les maîtres du monde, les fondateurs de religions ou d'empires, les apôtres de toutes les croyances, les hommes d'État éminents, et, dans une sphère plus modeste, les simples chefs de petites collectivités humaines, ont toujours été des psychologues inconscients, ayant de l'âme des foules une connaissance instinctive, souvent très sûre. La connaissant bien ils en sont facilement devenus les maîtres. Napoléon pénétrait merveilleusement la psychologie des foules françaises, mais il méconnut complètement parfois celle des foules de races différentes[1]. Cette ignorance lui fit entreprendre, en Espagne et en Russie notamment, des guerres qui préparèrent sa chute.

---

[1] Ses plus subtils conseillers ne la comprirent d'ailleurs pas davantage. Talleyrand lui écrivait que « l'Espagne accueillait en libérateurs ses soldats ». Elle les accueillit comme des bêtes fauves. Un psychologue au courant des instincts héréditaires de la race aurait pu aisément le prévoir.

La connaissance de la psychologie des foules constitue la ressource de l'homme d'État qui veut, non pas les gouverner - la chose est devenue aujourd'hui bien difficile - mais tout au moins ne pas être trop complètement gouverné par elles.

La psychologie des foules montre à quel point les lois et les institutions exercent peu d'action sur leur nature impulsive et combien elles sont incapables d'avoir des opinions quelconques en dehors de celles qui leur sont suggérées. Des règles dérivées de l'équité théorique pure ne sauraient les conduire. Seules les impressions qu'on fait naître dans leur âme peuvent les séduire. Si un législateur veut, par exemple, établir un nouvel impôt, devra-t-il choisir le plus juste théoriquement ? En aucune façon. Le plus injuste pourra être pratiquement le meilleur pour les foules, s'il est le moins visible, et le moins lourd en apparence. C'est ainsi qu'un impôt indirect, même exorbitant, sera toujours accepté par la foule. Étant journellement prélevé sur des objets de consommation, par fractions de centime, il ne gêne pas ses habitudes et l'impressionne peu. Remplacez-le par un impôt proportionnel sur les salaires ou autres revenus, à payer en un seul versement, fût-il dix fois moins lourd que l'autre, il soulèvera d'unanimes protestations. Aux centimes invisibles de chaque jour se substitue, en effet, une somme totale relativement élevée et, par conséquent, très impressionnante. Elle ne passerait inaperçue que si elle avait été mise de côté sou à sou ; mais ce procédé économique représente une dose de prévoyance dont les foules sont incapables.

L'exemple précédent éclaire d'un jour très net leur mentalité. Elle n'avait pas échappé à un psychologue comme Napoléon ; mais les législateurs, ignorant l'âme des foules, ne sauraient la comprendre. L'expérience ne leur a pas encore suffisamment enseigné que les hommes ne se conduisent jamais avec les prescriptions de la raison pure.

Bien d'autres applications pourraient être faites de la psychologie des foules. Sa connaissance jette une vive lueur sur nombre de phénomènes historiques et économiques totalement inintelligibles sans elle.

N'eût-elle qu'un intérêt de curiosité pure, l'étude de la psychologie des foules méritait donc d'être tentée. Il est aussi intéressant de déchiffrer les mobiles des actions des hommes qu'un minéral ou une plante.

Notre étude de l'âme des foules ne pourra être qu'une brève synthèse, un simple résumé de nos recherches. Il faut lui demander seulement quelques vues suggestives. D'autres creuseront davantage le sillon. Nous ne faisons aujourd'hui que le tracer sur un terrain très inexploré encore[1].

[1] Les rares auteurs qui se sont occupés de l'étude psychologique des foules les ont examinées, je le disais plus haut, uniquement au point de vue criminel. N'ayant consacré à ce dernier sujet qu'un court chapitre, je renverrai le lecteur aux études de M. TARDE et à l'opuscule de M. SIGHELE : *Les foules criminelle*
Ce dernier travail ne contient pas une seule idée personnelle à son auteur, mais une compilation de faits précieux pour les psychologues. Mes conclusions sur la criminalité et la moralité des foules sont d'ailleurs tout à fait contraires à celles des deux écrivains que je viens de citer.
On trouvera dans mes divers ouvrages, et notamment dans *La psychologie du socialisme,* quelques conséquences des lois régissant la psychologie des foules. Elles peuvent d'ailleurs être utilisées dans les sujets les plus divers. M. A. Gevaert, directeur du Conservatoire royal de Bruxelles, a trouvé récemment une remarquable application des lois que nous avons exposées, dans un travail sur la musique, qualifiées très justement par lui d'« art des foules ». « Ce sont vos deux ouvrages, m'écrivait cet éminent professeur, en m'envoyant son mémoire, qui m'ont donné la solution d'un problème considéré auparavant par moi comme insoluble : l'aptitude étonnante de toute foule à sentir une œuvre musicale récente ou ancienne, indigène ou étrangère, simple ou compliquée, pourvu qu'elle soit produite dans une belle exécution et par des exécutants dirigés par un chef enthousiaste. » M. Gevaert montre admirablement pourquoi « une œuvre restée incomprise à des musiciens émérites lisant la partition dans la solitude de leur cabinet, sera parfois saisie d'emblée par un auditoire étranger à toute culture technique ». Il explique aussi fort bien pourquoi ces impressions esthétiques ne laissent aucune trace.

# LIVRE I

# L'ÂME DES FOULES

# Chapitre I

## Caractéristiques générales des foules
## Loi psychologique de leur unité mentale

Au sens ordinaire, le mot foule représente une réunion d'individus quelconques, quels que soient leur nationalité, leur profession ou leur sexe, quels que soient aussi les hasards qui les rassemblent.

Au point de vue psychologique, l'expression foule prend une signification tout autre. Dans certaines circonstances données, et seulement dans ces circonstances, une agglomération d'hommes possède des caractères nouveaux fort différents de ceux de chaque individu qui la compose. La personnalité consciente s'évanouit, les sentiments et les idées de toutes les unités sont orientés dans une même direction. Il se forme une âme collective, transitoire sans doute, mais présentant des caractères très nets. La collectivité devient alors ce que, faute d'une expression meilleure, j'appellerai une foule organisée, ou, si l'on préfère, une foule psychologique. Elle forme un seul être et se trouve soumise à la loi *de l'unité mentale des foules*.

Le fait que beaucoup d'individus se trouvent accidentellement côte à côte ne leur confère pas les caractères d'une foule organisée. Mille individus réunis au hasard sur une place publique sans aucun but déterminé, ne constituent nullement une foule psychologique. Pour en acquérir les caractères spéciaux, il faut l'influence de certains excitants dont nous aurons à déterminer la nature.

L'évanouissement de la personnalité consciente et l'orientation des sentiments et des pensées dans un même sens, premiers traits de la foule en voie de s'organiser, n'impliquent pas toujours la présence simultanée de plusieurs individus sur un seul point. Des milliers d'individus séparés peuvent à un moment donné, sous l'influence de certaines émotions violentes, un grand événement national, par exemple, acquérir les caractères d'une foule psychologique. Un hasard quelconque les réunissant suffira alors pour que leur conduite revête aussitôt la forme spéciale aux actes des foules. À certaines heures de l'histoire, une demi-douzaine d'hommes peuvent constituer une foule psychologique, tandis que des centaines d'individus réunis accidentellement pourront ne pas la constituer. D'autre part, un peuple entier, sans qu'il y ait agglomération visible, devient foule parfois sous l'action de telle ou telle influence.

Dès que la foule psychologique est formée, elle acquiert des caractères généraux provisoires, mais déterminables. À ces caractères généraux s'ajoutent des caractères particuliers, variables suivant les éléments dont la foule se compose et qui peuvent en modifier la structure mentale.

Les foules psychologiques sont donc susceptibles d'une classification. L'étude de cette classification nous montrera qu'une foule hétérogène, composée d'éléments dissemblables, présente avec les foules homogènes, composées d'éléments plus ou moins semblables (sectes, castes et classes), des caractères communs, et, à côté de ces caractères communs, des particularités qui permettent de les différencier.

Avant de nous occuper des diverses catégories de foules, examinons d'abord les caractères communs à toutes. Nous opérerons comme le naturaliste, commençant par déterminer les caractères généraux des individus d'une famille puis les caractères particuliers qui différencient les genres et les espèces que renferme cette famille.

L'âme des foules n'est pas facile à décrire, son organisation variant non seulement suivant la race et la composition des collectivités, mais encore suivant la nature et le degré des excitants qu'elles subissent. La même difficulté se présente du reste pour l'étude psychologique d'un être quelconque. Dans les romans, les individus se manifestent avec un caractère constant, mais non dans la vie réelle. Seule l'uniformité des milieux crée l'uniformité apparente des caractères. J'ai montré ailleurs que toutes les constitutions mentales contiennent des possibilités de caractères pouvant se révéler sous l'influence d'un brusque changement de milieu. C'est ainsi que, parmi les plus féroces Conventionnels se trouvaient d'inoffensifs bourgeois, qui, dans les circonstances ordinaires, eussent été de pacifiques notaires ou de vertueux magistrats. L'orage passé, ils reprirent leur caractère normal. Napoléon rencontra parmi eux ses plus dociles serviteurs.

Ne pouvant étudier ici toutes les étapes de formation des foules, nous les envisagerons surtout dans la phase de leur complète organisation. Nous verrons ainsi ce qu'elles peuvent devenir mais non ce qu'elles sont toujours. C'est uniquement à cette phase avancée d'organisation que, sur le fonds invariable et dominant de la race, se superposent certains caractères nouveaux et spéciaux, produisant l'orientation de tous les sentiments et pensées de la collectivité dans une direction identique. Alors seulement se manifeste ce que j'ai nommé plus haut, la *loi psychologique de l'unité mentale des foules*.

Plusieurs caractères psychologiques des foules leur sont communs avec des individus isolés ; d'autres, au contraire, ne se rencontrent que chez les collectivités. Nous allons étudier d'abord ces caractères spéciaux pour bien en montrer l'importance.

Le fait le plus frappant présenté par une foule psychologique est le suivant : quels que soient les individus qui la composent, quelque semblables ou dissemblables que puissent être leur genre de vie, leurs occupations, leur caractère ou leur intelligence, le seul fait qu'ils sont transformés en foule les dote d'une sorte d'âme collective.

Cette âme les fait sentir, penser et agir d'une façon tout à fait différente de celle dont sentirait, penserait et agirait chacun d'eux isolément. Certaines idées, certains sentiments ne surgissent ou ne se transforment en actes que chez les individus en foule. La foule psychologique est un être provisoire, composé d'éléments hétérogènes pour un instant soudés, absolument comme les cellules d'un corps vivant forment par leur réunion un être nouveau manifestant des caractères fort différents de ceux que chacune de ces cellules possède.

Contrairement à une opinion, qu'on s'étonne de rencontrer sous la plume d'un philosophe aussi pénétrant qu'Herbert Spencer, dans l'agrégat constituant une foule, il n'y a nullement somme et moyenne des éléments, mais combinaison et création de nouveaux caractères. De même en chimie. Certains éléments mis en présence, les bases et les acides par exemple, se combinent pour former un corps nouveau doué de propriétés différentes de celles des corps ayant servi à le constituer.

On constate aisément combien l'individu en foule diffère de l'individu isolé ; mais d'une pareille différence les causes sont moins faciles à découvrir.

Pour arriver à les entrevoir, il faut se rappeler d'abord cette observation de la psychologie moderne : que ce n'est pas seulement dans la vie, organique, mais encore dans le fonctionnement de l'intelligence que les phénomènes inconscients jouent un rôle prépondérant. La vie consciente de l'esprit ne représente qu'une très faible part auprès de sa vie inconsciente. L'analyste le plus subtil, l'observateur le plus pénétrant, n'arrive à découvrir qu'un bien petit nombre des mobiles inconscients qui le mènent. Nos actes conscients dérivent d'un substratum inconscient formé surtout d'influences héréditaires. Ce substratum renferme les innombrables résidus ancestraux qui constituent l'âme de la race. Derrière les causes avouées de nos actes, se trouvent des causes secrètes ignorées de nous. La plupart de nos actions journalières sont l'effet de mobiles cachés qui nous échappent.

C'est surtout par les éléments inconscients composant l'âme d'une race, que se ressemblent tous les individus de cette race. C'est par les éléments conscients, fruits de l'éducation mais surtout d'une hérédité exceptionnelle, qu'ils diffèrent. Les hommes les plus dissemblables par leur intelligence ont des instincts, des passions, des sentiments parfois identiques. Dans tout ce qui est matière de sentiment : religion, politique, morale, affections, antipathies, etc., les hommes les plus éminents ne dépassent que bien rarement le niveau des individus ordinaires. Entre un célèbre mathématicien et son bottier un abîme peut exister sous le rapport intellectuel, mais au point de vue du caractère et des croyances la différence est souvent nulle ou très faible.

Or, ces qualités générales du caractère, régies par l'inconscient et possédées à peu près au même degré par la plupart des individus normaux d'une race, sont précisément celles qui, chez les foules, se trouvent mises en commun. Dans l'âme collective, les aptitudes intellectuelles des hommes, et par conséquent leur individualité, s'effacent. L'hétérogène se noie dans l'homogène, et les qualités inconscientes dominent.

Cette mise en commun de qualités ordinaires nous explique pourquoi les foules ne sauraient accomplir d'actes exigeant une intelligence élevée. Les décisions d'intérêt général prises par une assemblée d'hommes distingués, mais de spécialités différentes, ne sont pas sensiblement supérieures aux décisions que prendrait une réunion d'imbéciles. Ils peuvent seulement associer en effet ces qualités médiocres que tout le monde possède. Les foules accumulent non l'intelligence mais la médiocrité.

Ce n'est pas tout le monde, comme on le répète si souvent, qui a plus d'esprit que Voltaire. Voltaire a certainement plus d'esprit que tout le monde, si « tout le monde » représente les foules.

Mais si les individus en foule se bornaient à fusionner leurs qualités ordinaires, il y aurait simplement moyenne, et non, comme nous l'avons dit, création de caractères nouveaux. De quelle façon s'établissent ces caractères ? Recherchons-le maintenant.

Diverses causes déterminent l'apparition des caractères spéciaux aux foules. La première est que l'individu en foule acquiert, par le fait seul du nombre, un sentiment de puissance invincible lui permettant de céder à des instincts, que, seul, il eût forcément refrénés. Il y cédera d'autant plus volontiers que, la foule étant anonyme, et par conséquent irresponsable, le sentiment de la responsabilité, qui retient toujours les individus, disparaît entièrement.

Une seconde cause, la contagion mentale, intervient également pour déterminer chez les foules la manifestation de caractères spéciaux et en même temps leur orientation. La contagion est un phénomène aisé à constater, mais non expliqué encore, et qu'il faut rattacher aux phénomènes d'ordre hypnotique que nous étudierons dans un instant. Chez une foule, tout sentiment, tout acte est contagieux, et contagieux à ce point que l'individu sacrifie très facilement son intérêt personnel à l'intérêt collectif. C'est là une aptitude contraire à sa nature, et dont l'homme ne devient guère capable que lorsqu'il fait partie d'une foule.

Une troisième cause, et de beaucoup la plus importante, détermine dans les individus en foule des caractères spéciaux parfois fort opposés à ceux de l'individu isolé. Je veux parler de la suggestibilité, dont la contagion mentionnée plus haut n'est d'ailleurs qu'un effet.

Pour comprendre ce phénomène, il faut avoir présentes à l'esprit certaines découvertes récentes de la physiologie. Nous savons aujourd'hui qu'un individu peut être placé dans un état tel, qu'ayant perdu sa personnalité consciente, il obéisse à toutes les suggestions de l'opérateur qui la lui a fait perdre, et commette les actes les plus contraires à son caractère et à ses habitudes. Or, des observations attentives paraissent prouver que l'individu plongé depuis quelque temps au sein d'une foule agissante, tombe bientôt - par suite des effluves qui s'en dégagent, ou pour toute autre cause encore ignorée - dans un état particulier, se rapprochant beaucoup de l'état de fascination de l'hypnotisé entre les mains de son hypnotiseur. La vie du cerveau étant paralysée chez le sujet hypnotisé, celui-ci devient l'esclave de toutes ses activités inconscientes, que l'hypnotiseur dirige à son gré. La personnalité consciente est évanouie, la volonté et le discernement abolis. Sentiments et pensées sont alors orientés dans le sens déterminé par l'hypnotiseur.

Tel est à peu près l'état de l'individu faisant partie d'une foule. Il n'est plus conscient de ses actes. Chez lui, comme chez l'hypnotisé, tandis que certaines facultés sont détruites, d'autres peuvent être amenées à un degré d'exaltation extrême. L'influence d'une suggestion le lancera avec une irrésistible impétuosité vers l'accomplissement de certains actes. Impétuosité plus irrésistible encore dans les foules que chez le sujet hypnotisé, car la suggestion, étant la même pour tous les individus, s'exagère en devenant réciproque. Les unités d'une foule qui posséderaient une personnalité assez forte pour résister à la suggestion, sont en nombre trop faible et le courant les entraîne. Tout au plus pourront-elles tenter une diversion par une suggestion différente. Un mot heureux, une image évoquée à propos ont parfois détourné les foules des actes les plus sanguinaires.

Donc, évanouissement de la personnalité consciente, prédominance de la personnalité inconsciente, orientation par voie de suggestion et de contagion des sentiments et des idées dans un même sens, tendance à transformer immédiatement en acte les idées suggérées, tels sont les principaux caractères de l'individu en foule. Il n'est plus lui-même, mais un automate que sa volonté est devenue impuissante à guider.

Par le fait seul qu'il fait partie d'une foule, l'homme descend donc plusieurs degrés sur l'échelle de la civilisation. Isolé, c'était peut-être un individu cultivé, en foule c'est un instinctif, par conséquent un barbare. Il a la spontanéité, la violence, la férocité, et aussi les enthousiasmes et les héroïsmes des êtres primitifs. Il s'en rapproche encore par sa facilité à se laisser impressionner par des mots, des images, et conduire à des actes lésant ses intérêts les plus évidents. L'individu en foule est un grain de sable au milieu d'autres grains de sable que le vent soulève à son gré.

Et c'est ainsi qu'on voit des jurys rendre des verdicts que désapprouverait chaque juré individuellement, des assemblées parlementaires adopter des lois et des mesures que réprouverait en particulier chacun des membres qui les composent. Pris séparément, les hommes de la Convention étaient des bourgeois, aux habitudes pacifiques. Réunis en foule, ils n'hésitèrent pas, sous l'influence de quelques meneurs, à envoyer à la guillotine les individus les plus manifestement innocents ; et contrairement à tous leurs intérêts, ils renoncèrent à leur inviolabilité et se décimèrent eux-mêmes.

Ce n'est pas seulement par les actes que l'individu en foule diffère de son moi normal. Avant même d'avoir perdu toute indépendance, ses idées et ses sentiments se sont transformés, au point de pouvoir changer l'avare en prodigue, le sceptique en croyant, l'honnête homme en criminel, le poltron en héros. La renonciation à tous ses privilèges votée par la noblesse dans un moment d'enthousiasme pendant la fameuse nuit du *4* août 1789, n'eût certes jamais été acceptée par aucun de ses membres pris isolément.

Concluons des observations précédentes, que la foule est toujours intellectuellement inférieure à l'homme isolé. Mais au point de vue des sentiments et des actes que ces sentiments provoquent, elle peut, suivant les circonstances, être meilleure ou pire. Tout dépend de la façon dont on la suggestionne. C'est là ce qu'ont méconnu les écrivains n'ayant étudié les foules qu'au point de vue criminel. Criminelles, les foules le sont souvent, certes, mais, souvent aussi, héroïques. On les amène aisément à se faire tuer pour le triomphe d'une croyance ou d'une idée, on les enthousiasme pour la gloire et l'honneur, on les entraîne presque sans pain et sans armes comme pendant les croisades, pour délivrer de l'infidèle le tombeau d'un Dieu, ou, comme en 93, pour défendre le sol de la patrie. Héroïsmes évidemment un peu inconscients, mais c'est avec de tels héroïsmes que se fait l'histoire. S'il ne fallait mettre à l'actif des peuples que les grandes actions froidement raisonnées, les annales du monde en enregistreraient bien peu.

# Chapitre II

## Sentiments et moralités des foules

Après avoir indiqué d'une façon très générale les principaux caractères des foules, nous allons maintenant les étudier en détail.

Plusieurs caractères spéciaux des foules, tels que l'impulsivité, l'irritabilité, l'incapacité de raisonner, l'absence de jugement et d'esprit critique, l'exagération des sentiments, et d'autres encore, sont observables également chez les êtres appartenant à des formes inférieures d'évolution, comme le sauvage et l'enfant. C'est là une analogie que j'indique seulement en passant. Sa démonstration dépasserait le cadre de cet ouvrage. Elle serait inutile, d'ailleurs, pour les personnes au courant de la psychologie des primitifs, et convaincrait médiocrement celles qui l'ignorent.

J'aborde maintenant l'un après l'autre les divers caractères faciles à observer dans la plupart des foules.

### 1. Impulsivité, mobilité et irritabilité des foules

La foule, avons-nous dit en étudiant ses caractères fondamentaux, est conduite presque exclusivement par l'inconscient. Ses actes sont beaucoup plus sous l'influence de la moelle épinière que sous celle du cerveau. Les actions accomplies peuvent être parfaites quant à leur exécution, mais, le cerveau ne les dirigeant pas, l'individu agit suivant les hasards de l'excitation. La foule, jouet de tous les stimulants extérieurs, en reflète les incessantes variations. Elle est donc esclave des impulsions reçues. L'individu isolé peut être soumis aux mêmes excitants que l'homme en foule ; mais sa raison lui montrant les inconvénients d'y céder, il n'y cède pas. On peut physiologiquement définir ce phénomène en disant que l'individu isolé possède l'aptitude à dominer ses réflexes, alors que la foule en est dépourvue.

Les impulsions diverses auxquelles obéissent les foules pourront être, suivant les excitations, généreuses ou cruelles, héroïques ou pusillanimes, mais elles seront toujours tellement impérieuses que l'intérêt de la conservation lui-même s'effacera devant elles.

Les excitants susceptibles de suggestionner les foules étant variés, et ces dernières y obéissant toujours, elles sont extrêmement mobiles. On les voit passer en un instant de la férocité la plus sanguinaire à la générosité ou à l'héroïsme le plus absolu. La foule est aisément bourreau, mais non moins aisément martyre. C'est de son sein qu'ont coulé les torrents de sang exigés pour le triomphe de chaque croyance. Inutile de remonter aux âges héroïques pour voir de quoi les foules sont capables. Elles ne marchandent jamais leur vie dans une émeute, et il y a peu d'années qu'un général, devenu subitement populaire, eût facilement trouvé cent mille hommes prêts à se faire tuer pour sa cause.

Rien donc ne saurait être prémédité chez les foules. Elles peuvent parcourir successivement la gamme des sentiments les plus contraires, sous l'influence des excitations du moment. Elles sont semblables aux feuilles que l'ouragan soulève, disperse en tous sens, puis laisse retomber. L'étude de certaines foules révolutionnaires nous fournira quelques exemples de la variabilité de leurs sentiments.

Cette mobilité des foules les rend très difficiles à gouverner, surtout lorsqu'une partie des pouvoirs publics est tombée entre leurs mains. Si les nécessités de la vie quotidienne ne constituaient une sorte de régulateur invisible des événements, les démocraties ne pourraient guère subsister. Mais les foules qui veulent les choses avec frénésie, ne les veulent pas bien longtemps. Elles sont aussi incapables de volonté durable que de pensée.

La foule n'est pas seulement impulsive et mobile. Comme le sauvage, elle n'admet pas d'obstacle entre son désir et la réalisation de ce désir, et d'autant moins que le nombre lui donne le sentiment d'une puissance irrésistible. Pour l'individu en foule, la notion d'impossibilité disparaît. L'homme isolé sent bien qu'il ne pourrait à lui seul incendier un palais, piller un magasin ; la tentation ne lui en vient donc guère à l'esprit. Faisant partie d'une foule, il prend conscience du pouvoir que lui confère le nombre, et à la première suggestion de meurtre et de pillage il cédera immédiatement. L'obstacle inattendu sera brisé avec frénésie. Si l'organisme humain permettait la perpétuité de la fureur, on pourrait dire que l'état normal de la foule contrariée est la fureur.

Dans l'irritabilité des foules, leur impulsivité et leur mobilité, ainsi que dans tous les sentiments populaires que nous aurons à étudier, interviennent toujours les caractères fondamentaux de la race. Ils constituent le sol invariable sur lequel germent nos sentiments. Les foules sont irritables et impulsives, sans doute, mais avec de grandes variations de degré. La différence entre une foule latine et une foule anglo-saxonne est, par exemple, frappante. Les faits récents de notre histoire jettent une vive lueur sur ce point. En *1870*, la publication d'un simple télégramme relatant une insulte supposée suffit pour déterminer une explosion de fureur dont sortit immédiatement une guerre terrible. Quelques années plus tard, l'annonce télégraphique d'un insignifiant échec à Langson provoqua une nouvelle explosion qui amena le renversement instantané du gouvernement. Au même moment, l'échec beaucoup plus grave d'une expédition anglaise devant Khartoum ne produisit en Angleterre qu'une faible émotion, et aucun ministre ne fut changé. Les foules sont partout féminines, mais les plus féminines de toutes sont les foules latines. Qui s'appuie sur elles peuvent monter très haut et très vite, mais en côtoyant sans cesse la roche Tarpéienne et avec la certitude d'en être précipité un jour.

### 2. Suggestibilité et crédulité des foules

Nous avons dit qu'un des caractères généraux des foules est une suggestibilité excessive, et montré combien, parmi toute agglomération humaine, une suggestion est contagieuse ; ce qui explique l'orientation rapide des sentiments vers un sens déterminé.

Si neutre qu'on la suppose, la foule se trouve le plus souvent dans un état d'attention expectante favorable à la suggestion. La première suggestion formulée s'impose immédiatement par contagion à tous les cerveaux, et établit aussitôt l'orientation. Chez les êtres suggestionnés, l'idée fixe tend à se transformer en acte. S'agit-il d'un palais à incendier ou d'une œuvre de dévouement à accomplir, la foule s'y prête avec la même facilité. Tout dépendra de la nature de l'excitant, et non plus, comme chez l'individu isolé, des rapports existant entre l'acte suggéré et la somme de raison qui peut être opposée à sa réalisation.

Aussi, errant constamment sur les limites de l'inconscience, subissant toutes les suggestions, animée de la violence de sentiments propre aux êtres qui ne peuvent faire appel à des influences rationnelles, dépourvue d'esprit critique, la foule ne peut que se montrer d'une crédulité excessive. L'invraisemblable n'existe pas pour elle, et il faut bien se le rappeler pour comprendre la facilité avec laquelle se créent et se propagent les légendes et les récits les plus extravagants[1].

La création des légendes qui circulent si aisément parmi les foules n'est pas seulement le résultat d'une crédulité complète, mais encore des déformations prodigieuses que subissent les événements dans l'imagination d'individus assemblés. L'événement le plus simple vu par la foule est bientôt un événement défiguré. Elle pense

---

[1]Les personnes *qui* ont assisté au siège de Paris, ont vu de nombreux exemples de cette crédulité des foules pour des choses absolument invraisemblables. Une bougie allumée à l'étage supérieur d'une maison était considérée aussitôt comme un signal fait aux assiégeants. Deux secondes de réflexion eussent prouvé cependant *qu'il* leur était absolument impossible d'apercevoir à plusieurs lieues de distance la lueur de cette bougie.

par images, et l'image évoquée en évoque elle-même une série d'autres sans aucun lien logique avec la première. Nous concevons aisément cet état en songeant aux bizarres successions d'idées où nous conduit parfois l'évocation d'un fait quelconque. La raison montre l'incohérence de pareilles images, mais la foule ne la voit pas ; et ce que son imagination déformante ajoute à l'événement, elle le confondra avec lui. Incapable de séparer le subjectif de l'objectif, elle admet comme réelles les images évoquées dans son esprit, et ne possédant le plus souvent qu'une parenté lointaine avec le fait observé.

Les déformations qu'une foule fait subir à un événement quelconque dont elle est le témoin devraient, semble-t-il, être innombrables et de sens divers, puisque les hommes qui la composent sont de tempéraments fort variés. Mais il n'en est rien. Par suite de la contagion, les déformations sont de même nature et de même sens pour tous les individus de la collectivité. La première déformation perçue par l'un d'eux forme le noyau de la suggestion contagieuse. Avant d'apparaître sur les murs de Jérusalem à tous les croisés, saint Georges ne fut certainement vu que d'un des assistants. Par voie de suggestion et de contagion le miracle signalé fut immédiatement accepté par tous.

Tel est le mécanisme de ces hallucinations collectives si fréquentes dans l'histoire, et qui semblent avoir tous les caractères classiques de l'authenticité, puisqu'il s'agit de phénomènes constatés par des milliers de personnes.

La qualité mentale des individus dont se compose la foule ne contredit pas ce principe. Cette qualité est sans importance. Du moment qu'ils sont en foule, l'ignorant et le savant deviennent également incapables d'observation.

La thèse peut sembler paradoxale, Pour la démontrer il faudrait reprendre un grand nombre de faits historiques, et plusieurs volumes n'y suffiraient pas.

Ne voulant pas cependant laisser le lecteur sous l'impression d'assertions sans preuves, je vais lui donner quelques exemples pris au hasard parmi tous ceux que l'on pourrait citer.

Le fait suivant est un des plus typiques parce qu'il est choisi parmi des hallucinations collectives sévissant sur une foule où se trouvaient des individus de toutes sortes, ignorants comme instruits. Il est rapporté incidemment par le lieutenant de vaisseau Julien Félix dans son livre sur les courants de la mer.

La frégate *La Belle-Poule* croisait en mer pour retrouver la corvette *Le Berceau* dont un violent orage l'avait séparée. On était en plein jour et en plein soleil. Tout à coup la vigie signale une embarcation désemparée. L'équipage dirige ses regards vers le point indiqué, et tout le monde, officiers et matelots, aperçoit nettement un radeau chargé d'hommes remorqué par des embarcations sur lesquelles flottaient des signaux de détresse. L'amiral Desfossés fit armer une embarcation pour voler au secours des naufragés. En approchant, les matelots et les officiers qui la montaient voyaient « des masses d'hommes s'agiter, tendre les mains, et entendaient le bruit sourd et confus d'un grand nombre de voix ». Arrivés contre le prétendu radeau, on se trouva simplement en face de quelques branches d'arbres couvertes de feuilles arrachées à la côte voisine. Devant une évidence aussi palpable, l'hallucination s'évanouit.

Cet exemple dévoile bien clairement le mécanisme de l'hallucination collective tel que nous l'avons expliqué. D'un côté, foule, en état d'attention expectante ; de l'autre, suggestion opérée par la vigie signalant un bâtiment désemparé en mer, suggestion acceptée par voie de contagion, de tous les assistants, officiers ou matelots.

Une foule n'a pas besoin d'être nombreuse pour que sa faculté de voir correctement soit détruite, et les faits réels remplacés par des hallucinations sans parenté avec eux. Quelques individus réunis constituent une foule, et alors même qu'ils seraient des savants distingués, ils revêtent tous les caractères des foules pour les sujets en dehors de leur spécialité. La faculté d'observation et l'esprit critique possédés par chacun d'eux s'évanouissent.

Un psychologue ingénieux, M Davey, nous en fournit un bien curieux exemple, rapporté par les *Annales des Sciences psychiques,* et qui mérite d'être relaté ici. M. Davey ayant convoqué une réunion d'observateurs distingués, parmi lesquels un des premiers savants de l'Angleterre, M. Wallace, exécuta devant eux, et après leur avoir laissé examiner les objets et poser des cachets où ils voulaient, tous les phénomènes classiques des spirites : matérialisation des esprits, écriture sur des ardoises, etc. Ayant ensuite obtenu de ces spectateurs illustres des rapports écrits affirmant que les phénomènes observés n'avaient pu être obtenus que par des moyens surnaturels, il leur révéla qu'ils étaient le résultat de supercheries très simples. « Le plus étonnant de l'investigation de M. Davey, écrit l'auteur de la relation, n'est pas la merveille des tours en eux-mêmes, mais l'extrême faiblesse des rapports qu'en ont faits les témoins non initiés. Donc, dit-il, les témoins peuvent faire de nombreux et positifs récits qui sont complètement erronés, mais dont le résultat est que, si *l'on accepte leurs descriptions comme exactes,* les phénomènes qu'ils décrivent sont inexplicables par la supercherie. Les méthodes inventées par M. Davey étaient si simples qu'on est étonné qu'il ait eu la hardiesse de les employer ; mais il avait un tel pouvoir sur l'esprit de la foule qu'il pouvait lui persuader qu'elle voyait ce qu'elle ne voyait pas. » C'est toujours le pouvoir de l'hypnotiseur à l'égard de l'hypnotisé. Mais quand on le voit s'exercer sur des esprits supérieurs, préalablement mis en défiance, on conçoit avec quelle facilité s'illusionnent les foules ordinaires.

Les exemples analogues sont innombrables. Il y a quelques années, les journaux reproduisirent l'histoire de deux petites filles noyées retirées de la Seine. Ces enfants furent d'abord reconnues de la façon la plus catégorique par une douzaine de témoins. Devant les affirmations si concordantes aucun doute n'était resté dans l'esprit du juge d'instruction. Il permit d'établir l'acte de décès. Mais au moment où on allait procéder à l'inhumation, le hasard fit découvrir que les victimes supposées étaient parfaitement vivantes et n'avaient d'ailleurs qu'une très lointaine ressemblance avec les petites noyées. Comme dans plusieurs des exemples précédemment cités l'affirmation du premier témoin, victime d'une illusion, avait suffi à suggestionner tous les autres.

Dans les cas semblables, le point de départ de la suggestion est toujours l'illusion produite chez un individu au moyen de réminiscences plus ou moins vagues, puis la contagion par voie d'affirmation de cette illusion primitive. Si le premier observateur est très impressionnable, il suffira que le cadavre qu'il croit reconnaître présente - en dehors de toute ressemblance réelle -quelque particularité, une cicatrice ou un détail de toilette, capable d'évoquer pour lui l'idée d'une autre personne. Cette idée évoquée devient alors le noyau d'une sorte de cristallisation envahissant le champ de l'entendement et paralysant toute faculté critique. Ce que l'observateur voit alors, n'est plus l'objet lui-même, mais l'image évoquée dans son esprit. Ainsi s'expliquent les reconnaissances erronées de cadavres d'enfants par leur propre mère, tel que le cas suivant déjà ancien, et où l'on voit se manifester précisément les deux ordres de suggestion dont je viens d'indiquer le mécanisme.

L'enfant fut reconnu par un autre enfant - qui se trompait. La série des reconnaissances inexactes se déroula alors.

Et l'on vit une chose très extraordinaire. Le lendemain du jour où un écolier l'avait reconnu, une femme s'écria : « Ah ! mon Dieu, c'est mon enfant. »

On l'introduit près du cadavre, elle examine les effets, constate une cicatrice au front. « C'est bien, dit-elle, mon pauvre fils, perdu depuis juillet dernier. On me l'aura volé et on me l'a tué ! »

La femme était concierge rue du Four et se nommait Chavandret. On fit venir son beaufrère qui, sans hésitation, dit : « Voilà le petit Philibert. » Plusieurs habitants de la rue reconnurent Philibert Chavandret dans l'enfant, sans compter son propre maître d'école pour qui la médaille était un indice.

Eh bien ! les voisins, le beau-frère, le maître d'école et la mère se trompaient. Six semaines plus tard, l'identité de l'enfant fut établie. C'était un enfant de Bordeaux, tué à Bordeaux et, par les messageries, apporté à Paris[1].

Remarquons que ces reconnaissances sont faites généralement par des femmes et des enfants, c'est-à-dire précisément par les êtres les plus impressionnables. Elles montrent ce que peuvent valoir en justice de tels témoignages. Les affirmations des enfants, notamment, ne devraient jamais être invoquées. Les magistrats répètent comme un lieu commun qu'à cet âge on ne ment pas. Une culture psychologique un peu moins sommaire leur apprendrait qu'à cet âge, au contraire, on ment presque toujours. Le mensonge, sans doute, est innocent, mais n'en constitue pas moins un mensonge. Mieux vaudrait jouer à pile ou face la condamnation d'un accusé que de la décider comme on l'a fait tant de fois, d'après le témoignage d'un enfant.

Pour en revenir aux observations faites par les foules, nous conclurons que les observations collectives sont les plus erronées de toutes et représentent le plus souvent la simple illusion d'un individu ayant, par voie de contagion, suggestionné les autres.

D'innombrables faits prouvent la complète défiance qu'il faut avoir du témoignage des foules. Des milliers d'hommes assistèrent à la célèbre charge de cavalerie de la bataille de Sedan, et pourtant il est impossible, en présence des témoignages visuels les plus contradictoires, de savoir par qui elle fut commandée. Dans un livre récent, le général anglais Wolseley a prouvé que jusqu'ici les plus graves erreurs avaient été commises sur les faits les plus considé-

___

[1] *Éclair du 21 avril 1895.*

rables de la bataille de Waterloo, faits attestés cependant par des centaines de témoins[1].

Tous ces exemples montrent, je le répète, ce que vaut le témoignage des foules. Les traités de logique font rentrer l'unanimité de nombreux témoins dans la catégorie des preuves les plus probantes de l'exactitude d'un fait. Mais ce que nous savons de la psychologie des foules montre combien ils s'illusionnent sur ce point. Les événements les plus douteux sont certainement ceux qui ont été observés par le plus grand nombre de personnes. Dire qu'un fait a été simultanément constaté par des milliers de témoins, c'est dire que le fait réel est en général fort différent du récit adopté.

Il découle clairement de ce qui précède qu'on doit considérer les livres d'histoire comme des ouvrages d'imagination pure. Ce sont des récits fantaisistes de faits mal observés, accompagnés d'explications forgées après coup. Si le passé ne nous avait pas légué ses œuvres littéraires, artistiques et monumentales, nous n'en connaîtrions rien de réel. Savons-nous un seul mot de vrai sur la vie des grands hommes qui jouèrent les rôles prépondérants dans l'humanité, tels qu'Hercule, Bouddha, Jésus ou Mahomet ? Très probablement non. Au fond, d'ailleurs, leur vie exacte nous importe peu. Les êtres qui ont impressionné les foules furent des héros légendaires, et non des héros réels.

Malheureusement les légendes n'ont elles-mêmes aucune consistance. L'imagination des foules les transforme sans cesse suivant les temps, et surtout les races. Il y a loin du Jéhovah sanguinaire de la Bible au Dieu d'amour de sainte Thérèse, et le Bouddha adoré en Chine n'a plus aucun trait commun avec celui qui est vénéré dans l'Inde.

Il n'est même pas besoin que les siècles aient passé sur les héros pour que leur légende soit transformée par l'imagination des foules. La transformation se fait parfois en quelques années. Nous avons vu

---

[1]Savons-nous, pour une seule bataille, comment elle s'est passée exactement ? J'en doute fort. Nous savons quels furent les vainqueurs et les vaincus, mais probablement rien de plus. Ce que M. d'Harcourt, acteur et témoin, rapporte de la bataille de Solférino peut s'appliquer à toutes les batailles : « Les généraux (renseignés naturellement par des centaines de témoignages) transmettent leurs rapports officiels ; les officiers chargés de porter les ordres modifient ces documents et rédigent le projet définitif ; le chef d'état-major le conteste et le refait sur nouveaux frais. On le porte au maréchal, il s'écrie : "Vous vous trompez absolument !" et il substitue une nouvelle rédaction. Il ne reste presque rien du rapport primitif. » M. d'Harcourt relate ce fait comme une preuve de l'impossibilité où l'on est d'établir la vérité sur l'événement le plus saisissant, le mieux observé.

de nos jours la légende de l'un des plus grands héros historiques se modifier plusieurs fois en moins de cinquante ans. Sous les Bourbons, Napoléon devint une sorte de personnage idyllique, philanthrope et libéral, ami des humbles, qui, au dire des poètes, devaient conserver son souvenir sous le chaume pendant bien longtemps. Trente ans après, le héros débonnaire était devenu un despote sanguinaire, usurpateur du pouvoir et de la liberté, ayant sacrifié trois millions d'hommes uniquement à son ambition. Actuellement, la légende se transforme encore. Quand quelques dizaines de siècles auront passé sur elle, les savants de l'avenir, en présence de ces récits contradictoires, douteront peut-être de l'existence du héros, comme nous doutons parfois de celle de Bouddha, et ne verront en lui que quelque mythe solaire ou un développement de la légende d'Hercule. Ils se consoleront aisément sans doute de cette incertitude, car, mieux initiés qu'aujourd'hui à la psychologie des foules, ils sauront que l'histoire ne peut guère éterniser que des mythes.

### 3. Exagération et simplisme des sentiments des foules

Les sentiments, bons ou mauvais, manifestés par une foule, présentent ce double caractère d'être très simples et très exagérés. Sur ce point, comme sur tant d'autres, l'individu en foule se rapproche des êtres primitifs. Inaccessible aux nuances, il voit les choses en bloc et ne connaît pas les transitions. Dans la foule, l'exagération d'un sentiment est fortifiée par le fait que, se propageant très vite par voie de suggestion et de contagion, l'approbation dont il devient l'objet accroît considérablement sa force.

La simplicité et l'exagération des sentiments des foules les préservent du doute et de l'incertitude. Comme les femmes, elles vont tout de suite aux extrêmes. Le soupçon énoncé se transforme aussitôt en évidence indiscutable. Un commencement d'antipathie ou de désapprobation, qui, chez l'individu isolé, resterait peu accentué, devient aussitôt une haine féroce chez l'individu en foule.

La violence des sentiments des foules est encore exagérée, dans les foules hétérogènes surtout, par l'absence de responsabilité. La certitude de l'impunité, d'autant plus forte que la foule est plus nombreuse et la notion d'un pouvoir momentané considérable dû au nombre, rendent possibles à la collectivité des sentiments et des actes impossibles à l'individu isolé. Dans les foules, l'imbécile, l'ignorant et l'envieux sont libérés du sentiment de leur nullité et de leur impuissance, que remplace la notion d'une force brutale, passagère, mais immense.

L'exagération, chez les foules, porte malheureusement souvent sur de mauvais sentiments, reliquat atavique des instincts de l'homme primitif, que la crainte du châtiment oblige l'individu isolé et responsable à refréner. Ainsi s'explique la facilité des foules à se porter aux pires excès.

Habilement suggestionnées, les foules deviennent capables d'héroïsme et de dévouement. Elles en sont même beaucoup plus capables que l'individu isolé. Nous aurons bientôt occasion de revenir sur ce point en étudiant la moralité des foules.

La foule n'étant impressionnée que par des sentiments excessifs, l'orateur qui veut la séduire doit abuser des affirmations violentes. Exagérer, affirmer, répéter, et ne jamais tenter de rien démontrer par un raisonnement, sont les procédés d'argumentation familiers aux orateurs des réunions populaires.

La foule réclame encore la même exagération dans les sentiments de ses héros. Leurs qualités et leurs vertus apparentes doivent toujours être amplifiées. Au théâtre, la foule exige du héros de la pièce des vertus, un courage, une moralité, qui ne sont jamais pratiqués dans la vie.

On a parlé avec raison de l'optique spéciale du théâtre. Il en existe une, sans doute, mais ses règles sont le plus souvent sans parenté avec le bon sens et la logique. L'art de parler aux foules est d'ordre inférieur, mais exige des aptitudes toutes spéciales. On s'explique mal parfois à la lecture le succès de certaines pièces. Les directeurs des théâtres, quand ils les reçoivent, sont eux-mêmes généralement très incertains de la réussite, car pour juger, il leur faudrait se transformer en foule[1]. Si nous pouvions entrer dans les développements, il serait facile de montrer encore l'influence prépondérante de la race. La pièce de théâtre qui enthousiasme la foule dans un pays reste parfois sans aucun succès dans un autre ou n'obtient qu'un succès d'estime et de convention, parce qu'elle ne met pas en jeu des ressorts capables de soulever son nouveau publie.

Inutile d'ajouter que l'exagération des foules porte seulement sur les sentiments, et en aucune façon sur l'intelligence. Par le fait seul que l'individu est en foule, son niveau intellectuel, je l'ai déjà montré, baisse considérablement. M. Tarde l'a également constaté en opérant ses recherches sur les crimes des foules. C'est donc uniquement dans l'ordre sentimental que les foules peuvent monter très haut ou descendre, au contraire, très bas.

---

[1]C'est ce qui permet de comprendre pourquoi certaines pièces refusées par tous les directeurs de théâtre obtiennent de prodigieux succès lorsque, par hasard, elles sont jouées. On sait le succès de la pièce de M. COPPÉE, *Pour la couronne,* refusée dix ans par les directeurs des premiers théâtres, malgré le nom de son auteur, *La marraine de Charley,* montée aux frais d'un agent de change, après de successifs refus, obtint deux cents représentations en France et plus de mille en Angleterre. Sans l'explication donnée plus haut sur l'impossibilité où se trouvent les directeurs de théâtre de pouvoir se substituer mentalement à la foule, de telles aberrations de jugement de la part d'individus compétents et très intéressés à ne pas commettre d'aussi lourdes erreurs seraient incompréhensibles.

### 4. Intolérance, autoritarisme et conservatisme des foules

Les foules ne connaissant que les sentiments simples et extrêmes, les opinions, les idées et croyances qu'on leur suggère, sont acceptées ou rejetées par elles en bloc, et considérées comme vérités absolues ou erreurs non moins absolues. Il en est toujours ainsi des croyances déterminées par voie de suggestion, au lieu d'avoir été engendrées par voie de raisonnement. Chacun sait combien les croyances religieuses sont intolérantes et quel empire despotique elles exercent sur les âmes.

Ne gardant aucun doute sur ce qu'elle croit vérité ou erreur et possédant, d'autre part, la notion claire de sa force, la foule est aussi autoritaire qu'intolérante. L'individu peut accepter la contradiction et la discussion, la foule ne les supporte jamais. Dans les réunions publiques, la plus légère contradiction de la part d'un orateur est immédiatement accueillie par des hurlements de fureur et de violentes invectives, bientôt suivis de voies de fait et d'expulsion pour peu que l'orateur insiste. Sans la présence inquiétante des agents de l'autorité, le contradicteur serait même fréquemment lynché.

L'autoritarisme et l'intolérance sont généraux chez toutes les catégories de foules, mais ils s'y présentent à des degrés fort divers ; et ici encore reparaît la notion fondamentale de la race, dominatrice des sentiments et des pensées des hommes. L'autoritarisme et l'intolérance sont surtout développés chez les foules latines. Ils le sont au point d'avoir détruit ce sentiment de l'indépendance individuelle si puissant chez l'Anglo-Saxon. Les foules latines ne sont sensibles qu'à l'indépendance collective de leur secte et la caractéristique de cette indépendance est le besoin d'asservir immédiatement et violemment à leurs croyances tous les dissidents. Chez les peuples latins, les Jacobins de tous les âges, depuis ceux de l'Inquisition, n'ont jamais pu s'élever à une autre conception de la liberté.

L'autoritarisme et l'intolérance constituent pour les foules des sentiments très clairs, qu'elles supportent aussi facilement qu'elles les pratiquent. Elles respectent la force et sont médiocrement impressionnées par la bonté, facilement considérée comme une forme de la faiblesse. Leurs sympathies n'ont jamais été aux maîtres débonnaires, mais aux tyrans qui les ont vigoureusement dominées. C'est toujours à eux qu'elles dressent les plus hautes statues. Si elles foulent volontiers à leurs pieds le despote renversé, c'est parce qu'ayant perdu sa force, il rentre dans la catégorie des faibles qu'on méprise et ne craint pas. Le type du héros cher aux foules aura toujours la structure d'un César. Son panache les séduit, son autorité leur impose et son sabre leur fait peur.

Toujours prête à se soulever contre une autorité faible, la foule se courbe avec servilité devant une autorité forte. Si l'action de l'autorité est intermittente, la foule, obéissant toujours à ses sentiments extrêmes, passe alternativement de l'anarchie à la servitude, et de la servitude à l'anarchie.

Ce serait d'ailleurs méconnaître la psychologie des foules que de croire à la prédominance chez elles des instincts révolutionnaires. Leurs violences seules nous illusionnent sur ce point. Les explosions de révolte et de destruction sont toujours très éphémères. Elles sont trop régies par l'inconscient, et trop soumises par conséquent à l'influence d'hérédités séculaires, pour ne pas se montrer extrêmement conservatrices. Abandonnées à elles-mêmes, on les voit bientôt lasses de leurs désordres se diriger d'instinct vers la servitude. Les plus fiers et les plus intraitables des Jacobins acclamèrent énergiquement Bonaparte, quand il supprima toutes les libertés et fit durement sentir sa main de fer.

L'histoire des révolutions populaires est presque incompréhensible si l'on méconnaît les instincts profondément conservateurs des foules. Elles veulent bien changer les noms de leurs institutions, et accomplissent parfois même de violentes révolutions pour obtenir ces changements ; mais le fond de ces institutions est trop l'expression des besoins héréditaires de la race pour qu'elles n'y reviennent pas toujours. Leur mobilité incessante ne porte que sur les choses superficielles. En fait, elles ont des instincts conservateurs irréductibles et comme tous les primitifs un respect fétichiste pour les traditions, une horreur inconsciente des nouveautés capables de modifier leurs conditions réelles d'existence. Si la puissance actuelle des démocraties avait existé à l'époque où furent inventés les métiers mécaniques, la vapeur et les chemins de fer, la réalisation de ces inventions eût été impossible, ou seulement au prix de révolutions répétées. Heureusement pour les progrès de la civilisation, la suprématie des foules n'a pris naissance que lorsque les grandes découvertes de la science et de l'industrie étaient déjà accomplies.

### 5. Moralité des foules

Si nous attachons au mot moralité le sens de respect constant de certaines conventions sociales et de répression permanente des impulsions égoïstes, il est bien évident que les foules sont trop impulsives et trop mobiles pour être susceptibles de moralité. Mais si, dans ce terme, nous faisons entrer l'apparition momentanée de certaines qualités telles que l'abnégation, le dévouement, le désintéressement, le sacrifice de soi-même, le besoin d'équité, nous pouvons dire que les foules sont, au contraire, parfois susceptibles d'une moralité très haute.

Les rares psychologues qui les ont étudiées ne le firent qu'au point de vue de leurs actes criminels ; et voyant ces actes fréquents, ils ont assigné aux foules un niveau moral très bas.

Sans doute en font-elles preuve souvent ; mais pourquoi ? Simplement, parce que les instincts de férocité destructive sont des résidus des âges primitifs dormant au fond de chacun de nous. Pour l'individu isolé il serait dangereux de les satisfaire, alors que son absorption dans une foule irresponsable, et où par conséquent, l'impunité est assurée, lui donne toute liberté pour les suivre. Ne pouvant exercer habituellement ces instincts destructifs sur nos semblables, nous nous bornons à les assouvir sur des animaux. C'est d'une même source que dérivent la passion pour la chasse et la férocité des foules. La foule écharpant lentement une victime sans défense fait preuve d'une cruauté très lâche ; mais, bien proche parente, pour le philosophe, de celle des chasseurs se réunissant par douzaines afin d'avoir le plaisir d'assister à l'éventrement d'un malheureux cerf par leurs chiens.

Si la foule est capable de meurtre, d'incendie et de toutes sortes de crimes, elle l'est également d'actes de sacrifice et de désintéressement beaucoup plus élevés que ceux dont est susceptible l'individu isolé. C'est surtout sur l'individu en foule qu'on agit, en invoquant des sentiments de gloire, d'honneur, de religion et de patrie. L'histoire fourmille d'exemples analogues à ceux des croisades et des volontaires de 93. Seules les collectivités sont capables de grands dévouements et de grands désintéressements. Que de foules se sont fait héroïquement massacrer pour des croyances et des idées qu'elles comprenaient à peine ! Les foules qui font des grèves les font bien plus pour obéir à un mot d'ordre que pour obtenir une augmentation de salaire. L'intérêt personnel est rarement un mobile puissant chez les foules, alors qu'il constitue le mobile à peu près exclusif de l'individu isolé. Ce n'est certes pas lui qui guida les foules dans tant de guerres, incompréhensibles le plus souvent pour leur intelligence, et où elles se laissèrent massacrer aussi facilement que les alouettes hypnotisées par le miroir du chasseur.

Les plus parfaits gredins eux-mêmes, par le fait seul d'être réunis en foule, acquièrent parfois des principes de moralité très stricts. Taine fait remarquer que les massacreurs de Septembre venaient déposer sur la table des comités les portefeuilles et les bijoux trouvés sur leurs victimes et si aisés à dérober. La foule hurlante, grouillante et misérable qui envahit les Tuileries pendant la Révolution de 1848, ne s'empara d'aucun des objets qui l'éblouirent et dont un seul représentait du pain pour bien des jours.

Cette moralisation de l'individu par la foule n'est certes pas une règle constante, mais elle s'observe fréquemment et même dans des circonstances beaucoup moins graves que celles que je viens de citer. Au théâtre, je l'ai déjà dit, la foule réclame du héros de la pièce des vertus exagérées, et une assistance, même composée d'éléments inférieurs, se montre parfois très prude. Le viveur professionnel, le souteneur, le voyou gouailleur, murmurent souvent devant une scène un peu risquée ou un propos léger, fort anodins pourtant auprès de leurs conversations habituelles.

Donc, les foules adonnées souvent à de bas instincts, donnent aussi parfois l'exemple d'actes de moralité élevés. Si le désintéressement, la résignation, le dévouement absolu à un idéal chimérique ou réel sont des vertus morales, on peut dire que les foules possèdent parfois ces vertus à un degré que les plus sages philosophes ont rarement atteint. Elles les pratiquent sans doute avec inconscience, mais qu'importe. Si les foules avaient raisonné souvent et consulté leurs intérêts immédiats, aucune civilisation ne se fût développée peut-être à la surface de notre planète, et l'humanité n'aurait pas d'histoire.

# Chapitre III

## Idées, raisonnements et imagination des foules

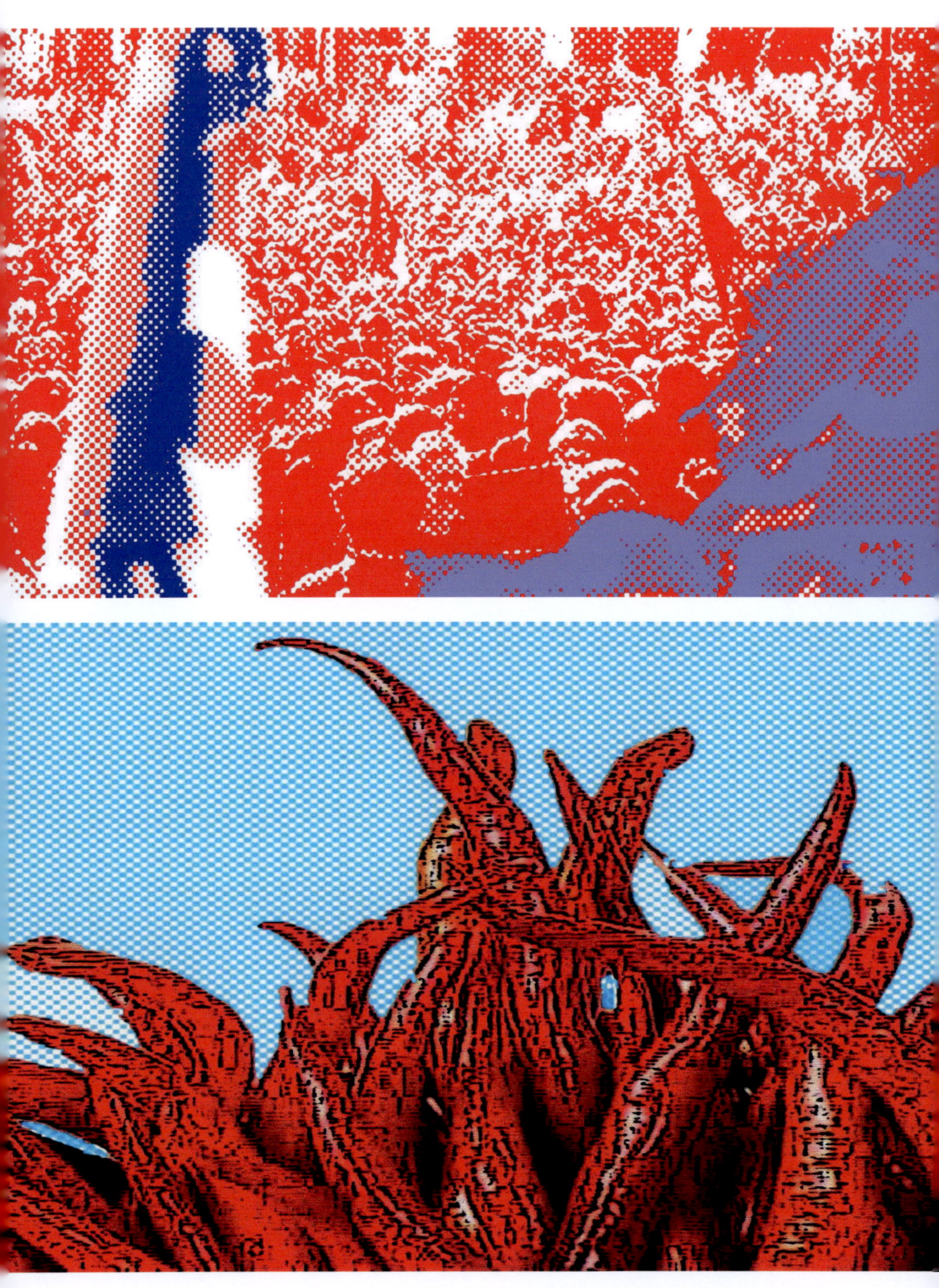

*1. Les idées des foules*

Étudiant dans un précédent ouvrage le rôle des idées sur l'évolution des peuples, nous avons prouvé que chaque civilisation dérive d'un petit nombre d'idées fondamentales rarement renouvelées. Nous avons exposé comment ces idées s'établissent dans l'âme des foules ; avec quelle difficulté elles y pénètrent, et la puissance qu'elles possèdent après y avoir pénétré. Nous avons montré également que les grandes perturbations historiques dérivent le plus souvent des changements de ces idées fondamentales.

Ayant suffisamment traité ce sujet, je n'y reviendrai pas et me bornerai à dire quelques mots des idées accessibles aux foules et sous quelles formes celles-ci les conçoivent.

On peut les diviser en deux classes. Dans l'une, nous placerons les idées accidentelles et passagères créées sous des influences du moment : l'engouement pour un individu ou une doctrine par exemple. Dans l'autre, les idées fondamentales auxquelles le milieu, l'hérédité, l'opinion donnent une grande stabilité : telles les idées religieuses jadis, les idées démocratiques et sociales aujourd'hui.

Les idées fondamentales pourraient être représentées par la masse des eaux d'un fleuve déroulant lentement son cours ; les idées passagères par les petites vagues, toujours changeantes, agitant sa surface, et qui, bien que sans importance réelle, sont plus visibles que la marche du fleuve lui-même.

De nos jours, les grandes idées fondamentales dont ont vécu nos pères paraissent de plus en plus chancelantes et, du même coup, les institutions qui reposaient sur elles se sont trouvées profondément ébranlées. Il se forme actuellement beaucoup de ces petites idées transitoires dont je parlais à l'instant ; mais peu d'entre elles paraissent devoir acquérir une influence prépondérante.

Quelles que soient les idées suggérées aux foules, elles ne peuvent devenir dominantes qu'à la condition de revêtir une forme très simple et d'être représentées dans leur esprit sous l'aspect d'images. Aucun lien logique d'analogie ou de succession ne rattachant entre elles ces idées-images, elles peuvent se substituer l'une à l'autre comme les verres de la lanterne magique que l'opérateur retire de la boîte où ils étaient superposés. On peut donc voir dans les foules se succéder les idées les plus contradictoires. Suivant les hasards du moment, la foule sera placée sous l'influence de l'une des idées diverses emmagasinées dans son entendement, et commettra par conséquent les actes les plus dissemblables. Son absence complète d'esprit critique ne lui permet pas d'en percevoir les contradictions.

Ce n'est pas là d'ailleurs un phénomène spécial aux foules. On le rencontre chez beaucoup d'individus isolés, non seulement parmi les êtres primitifs, mais chez tous ceux qui, par un côté quelconque de leur esprit - les sectateurs d'une foi religieuse intense par exemple - se rapprochent des primitifs. Je l'ai observé, par exemple, chez les Hindous lettrés, élevés dans nos universités européennes, et ayant obtenu tous les diplômes. Sur leur fonds immuable d'idées religieuses ou sociales héréditaires s'était superposée, sans nullement les altérer, une couche d'idées occidentales sans parenté avec les premières. Suivant les hasards du moment, les unes ou les autres apparaissaient avec leur cortège spécial de discours, et le même individu présentait ainsi les contradictions les plus flagrantes. Contradictions plus apparentes que réelles, car des idées héréditaires seules sont assez puissantes chez l'individu isolé pour devenir de véritables mobiles de conduite. C'est seulement lorsque, par des croisements, l'homme se trouve entre les impulsions d'hérédité différentes, que les actes peuvent être d'un moment à l'autre tout à fait contradictoires. Inutile d'insister ici sur ces phénomènes, bien que leur importance psychologique soit capitale. Je considère qu'il faut au moins dix ans de voyages et d'observations pour arriver à les comprendre.

Les idées n'étant accessibles aux foules qu'après avoir revêtu une forme très simple, doivent, pour devenir populaires, subir souvent les plus complètes transformations. Quand il s'agit d'idées philosophiques ou scientifiques un peu élevées, on peut constater la profondeur des modifications qui leur sont nécessaires pour descendre de couche en couche jusqu'au niveau des foules. Ces modifications dépendent surtout de la race à laquelle ces foules appartiennent ; mais elles sont toujours amoindrissantes et simplifiantes. Aussi n'y a-t-il guère, en réalité, au point de vue social, de hiérarchie des idées, c'est-à-dire d'idées plus ou moins élevées. Par le fait seul qu'une idée parvient aux foules et peut les émouvoir, elle est dépouillée de presque tout ce qui faisait son élévation et sa grandeur.

La valeur hiérarchique d'une idée est d'ailleurs sans importance. Seuls sont à considérer les effets qu'elle produit. Les idées chrétiennes du Moyen Âge, les idées démocratiques du siècle dernier, les idées sociales d'aujourd'hui ne sont certes pas très élevées. On peut philosophiquement les considérer comme d'assez pauvres erreurs. Cependant leur rôle a été et sera immense, et elles compteront longtemps parmi les plus essentiels facteurs de la conduite des États.

Alors même que l'idée a subi des modifications qui la rendent accessible aux foules, elle n'agit que quand, par des procédés divers qui seront étudiés ailleurs, elle pénètre dans l'inconscient et devient un sentiment. Cette transformation est généralement fort longue.

Il ne faut pas croire du reste que c'est parce que la justesse d'une idée est démontrée qu'elle peut produire ses effets, même chez les esprits cultivés. On s'en rend compte en voyant combien la démonstration la plus claire a peu d'influence sur la majorité des hommes. L'évidence éclatante pourra être reconnue par un auditeur instruit ; mais il sera vite ramené par son inconscience à ses conceptions primitives. Revoyez-le au bout de quelques jours, et il vous servira de nouveau ses anciens arguments, exactement dans les mêmes termes. Il est, en effet, sous l'influence d'idées antérieures devenues des sentiments ; or, celles-là seules agissent sur les mobiles profonds de nos actes et de nos discours.

Lorsque, par des procédés divers, une idée a fini par s'incruster dans l'âme des foules, elle acquiert une puissance irrésistible et déroule toute une série de conséquences. Les idées philosophiques qui aboutirent à la Révolution française mirent longtemps à s'implanter dans l'âme populaire. On sait leur irrésistible force lorsqu'elles y furent établies. L'élan d'un peuple entier vers la conquête de l'égalité sociale, vers la réalisation de droits abstraits et de libertés idéales fit chanceler tous les trônes et bouleversa profondément le monde occidental. Pendant vingt ans les peuples se précipitèrent les uns sur les autres, et l'Europe connut des hécatombes comparables à celles de Gengiskhan et de Tamerlan. Jamais n'apparut aussi clairement ce que peut produire le déchaînement d'idées capables de changer l'orientation des sentiments.

S'il faut longtemps aux idées pour s'établir dans l'âme des foules, un temps non moins considérable leur est nécessaire pour en sortir. Aussi les foules sont-elles toujours, au point de vue des idées, en retard de plusieurs générations sur les savants et les philosophes. Tous les hommes d'État savent aujourd'hui ce que contiennent d'erroné les idées fondamentales citées à l'instant, mais leur influence étant très puissante encore, ils sont obligés de gouverner suivant des principes à la vérité desquels ils ont cessé de croire.


### 2. Les raisonnements des foules

On ne peut dire d'une façon absolue que les foules ne sont pas influençables par des raisonnements. Mais les arguments qu'elles emploient et ceux qui agissent sur elles apparaissent, au point de vue logique, d'un ordre tellement inférieur que par voie d'analogie seulement on peut les qualifier de raisonnements.

Les raisonnements inférieurs des foules sont, comme les raisonnements élevés, basés sur des associations : mais les idées associées par les foules n'ont entre elles que des liens apparents de ressemblance ou de succession. Elles s'enchaînent à la manière de celles d'un Esquimau qui, sachant par expérience que la glace, corps transparent, fond dans la bouche, en conclut que le verre, corps également transparent, doit fondre aussi dans la bouche ; ou de celles du sauvage qui se figure qu'en mangeant le cœur d'un ennemi courageux il acquiert sa bravoure ; ou encore de celles de l'ouvrier qui, exploité par un patron, en conclut que tous les patrons sont des exploiteurs.

Association de choses dissemblables, n'ayant entre elles que des rapports apparents, et généralisation immédiate de cas particuliers, telles sont les caractéristiques de la logique collective. Ce sont des associations de cet ordre que présentent toujours aux foules les orateurs qui savent les manier. Seules elles peuvent les influencer. Une chaîne de raisonnements rigoureux serait totalement incompréhensible aux foules, et c'est pourquoi il est permis de dire qu'elles ne raisonnent pas ou raisonnent faux, et ne sont pas influençables par un raisonnement. La faiblesse de certains discours ayant exercé une influence énorme sur leurs auditeurs étonne parfois à la lecture ; mais on oublie qu'ils furent faits pour entraîner des collectivités, et non pour être lus par des philosophes. L'orateur, en communication intime avec la foule, sait évoquer les images qui la séduisent. S'il réussit, son but a été atteint ; et un volume de harangues ne vaut pas les quelques phrases ayant réussi à séduire les âmes qu'il fallait convaincre.

Inutile d'ajouter que l'impuissance des foules à raisonner juste les prive de tout esprit critique, c'est-à-dire de l'aptitude à discerner la vérité de l'erreur, à formuler un jugement précis. Les jugements qu'elles acceptent ne sont que des jugements imposés et jamais des jugements discutés. Nombreux à ce point de vue les individus qui ne s'élèvent pas au-dessus des foules. La facilité avec laquelle certaines opinions deviennent générales tient surtout à l'impossibilité pour la plupart des hommes de se former une opinion particulière basée sur leurs propres raisonnements.

### 3. L'imagination des foules

L'imagination représentative des foules, comme celle de tous les êtres chez lesquels le raisonnement n'intervient pas, est susceptible d'être profondément impressionnée. Les images évoquées dans leur esprit par un personnage, un événement, un accident, ont presque la vivacité des choses réelles. Les foules sont un peu dans le cas du dormeur dont la raison momentanément suspendue, laisse surgir dans l'esprit des images d'une intensité extrême, mais qui se dissiperaient vite au contact de la réflexion. Les foules, n'étant capables ni de réflexion ni de raisonnement, ne connaissent pas l'invraisemblable : or, les choses les plus invraisemblables sont généralement les plus frappantes.

Et c'est pourquoi ce sont toujours les côtés merveilleux et légendaires des événements qui frappent le plus les foules. Le merveilleux et le légendaire sont, en réalité, les vrais supports d'une civilisation. Dans l'histoire l'apparence a toujours joué un rôle beaucoup plus important que la réalité. L'irréel y prédomine sur le réel.

Les foules ne pouvant penser que par images, ne se laissent impressionner que par des images. Seules ces dernières les terrifient ou les séduisent et deviennent des mobiles d'action.

C'est pourquoi les représentations théâtrales, qui donnent l'image sous sa forme la plus nette, ont toujours une énorme influence sur les foules. Du pain et des spectacles constituaient jadis pour la plèbe romaine l'idéal du bonheur. Pendant la succession des âges cet idéal a peu varié. Rien ne frappe davantage l'imagination populaire qu'une pièce de théâtre. Toute la salle éprouve en même temps les mêmes émotions, et si ces dernières ne se transforment pas aussitôt en actes, c'est que le spectateur le plus inconscient ne peut ignorer qu'il est victime d'illusions, et qu'il a ri ou pleuré à d'imaginaires aventures. Quelquefois cependant les sentiments suggérés par les images sont assez forts pour tendre, comme les suggestions habituelles, à se transformer en actes. On a souvent raconté l'histoire de ce théâtre populaire dramatique obligé de faire protéger à la sortie l'acteur qui représentait le traître, pour le soustraire aux violences des spectateurs indignés de ses crimes imaginaires. C'est là, je crois, un des indices les plus remarquables de l'état mental des foules, et surtout de la facilité avec laquelle on les suggestionne. L'irréel a presque autant d'importance à leurs yeux que le réel. Elles ont une tendance évidente à ne pas les différencier.

C'est sur l'imagination populaire que sont fondées la puissance des conquérants et la force des États. En agissant sur elles, on entraîne les foules. Tous les grands faits historiques, la création du Bouddhisme, du Christianisme, de l'Islamisme, la Réforme, la Révolution et de nos jours l'invasion menaçante du Socialisme sont les conséquences directes ou lointaines d'impressions fortes produites sur l'imagination des foules.

Aussi, les grands hommes d'État de tous les âges et de tous les pays, y compris les plus absolus despotes, ont-ils considéré l'imagination populaire comme le soutien de leur puissance. Jamais ils n'ont essayé de gouverner contre elle. « C'est en me faisant catholique, disait Napoléon au Conseil d'État, que j'ai fini la guerre de Vendée ; en me faisant musulman que je me suis établi en Égypte, en me faisant ultramontain que j'ai gagné les prêtres en Italie. Si je gouvernais un peuple de Juifs, je rétablirais le temple de Salomon. » Jamais, peut-être, depuis Alexandre et César, aucun grand homme n'a mieux compris comment l'imagination des foules doit être impressionnée. Sa préoccupation constante fut de la frapper. Il y songeait dans ses victoires, dans ses harangues, dans ses discours, dans tous ses actes. À son lit de mort il y songeait encore.

Comment impressionner l'imagination des foules ? Nous le verrons bientôt. Disons dès maintenant que des démonstrations destinées à influencer l'intelligence et la raison seraient incapables d'atteindre ce but. Antoine n'eut pas besoin d'une rhétorique savante pour ameuter le peuple contre les meurtriers de César. Il lui lut son testament et lui montra son cadavre.

Tout ce qui frappe l'imagination des foules se présente sous forme d'une image saisissante et nette, dégagée d'interprétation accessoire, ou n'ayant d'autre accompagnement que quelques faits merveilleux : une grande victoire, un grand miracle, un grand crime, un grand espoir. Il importe de présenter les choses en bloc, et sans jamais en indiquer la genèse. Cent petits crimes ou cent petits accidents ne frapperont aucunement l'imagination des foules ; tandis qu'un seul crime considérable, une seule catastrophe, les frapperont profondément, même avec des résultats infiniment moins meurtriers que les cent petits accidents réunis. La grande épidémie d'influenza qui fit périr, à Paris, cinq mille personnes en quelques semaines, frappa peu l'imagination populaire. Cette véritable hécatombe ne se traduisait pas, en effet, par quelque image visible, mais uniquement par les indications hebdomadaires de la statistique. Un accident qui, au lieu de ces cinq mille personnes, en eût seulement fait périr cinq cents, le même jour, sur une place publique, par un événement bien visible, la chute de la tour Eiffel, par exemple, aurait produit sur l'imagination une impression immense. La perte possible d'un transatlantique qu'on supposait, faute de nouvelles, coulé en pleine mer, frappa profondément pendant huit jours l'imagination des foules. Or, les statistiques officielles montrent que dans la même année un millier de grands bâtiments se perdirent. De ces pertes successives, bien autrement importantes comme destruction de vies et de marchandises, les foules ne se préoccupèrent pas un seul instant.

Ce ne sont donc pas les faits en eux-mêmes qui frappent l'imagination populaire, mais bien la façon dont ils se présentent. Ces faits doivent par condensation, si je puis m'exprimer ainsi, produire une image saisissante qui remplisse et obsède l'esprit. Connaître l'art d'impressionner l'imagination des foules c'est connaître l'art de les gouverner.

# Chapitre IV

## Formes religieuses que revêtent toutes les convictions des foules

Nous avons vu que les foules ne raisonnent pas, qu'elles admettent ou rejettent les idées en bloc, ne supportent ni discussion ni contradiction et que les suggestions agissant sur elles envahissent entièrement le champ de leur entendement et tendent aussitôt à se transformer en actes. Nous avons montré que les foules convenablement suggestionnées sont prêtes à se sacrifier pour l'idéal qui leur a été suggéré. Nous avons vu enfin qu'elles connaissent seulement les sentiments violents et extrêmes. Chez elles, la sympathie devient vite adoration, et à peine née l'antipathie se transforme en haine. Ces indications générales permettent déjà de pressentir la nature de leurs convictions.

En examinant de près les convictions des foules, aussi bien aux époques de foi que dans les grands soulèvements politiques, comme ceux du dernier siècle, on constate qu'elles présentent toujours une forme spéciale, que je ne puis mieux déterminer qu'en lui donnant le nom de sentiment religieux.

Ce sentiment a des caractéristiques très simples : adoration d'un être supposé supérieur, crainte de la puissance qu'on lui attribue, soumission aveugle à ses commandements, impossibilité de discuter ses dogmes, désir de les répandre, tendance à considérer comme ennemis tous ceux qui refusent de les admettre. Qu'un tel sentiment s'applique à un Dieu invisible, à une idole de pierre, à un héros ou à une idée politique, il reste toujours d'essence religieuse. Le surnaturel et le miraculeux s'y retrouvent également. Les foules revêtent d'une même puissance mystérieuse la formule politique ou le chef victorieux qui les fanatise momentanément.

On n'est pas religieux seulement quand on adore une divinité, mais quand on met toutes les ressources de son esprit, toutes les soumissions de sa volonté, toutes les ardeurs du fanatisme au service d'une cause ou d'un être devenu le but et le guide des sentiments et des actions.

L'intolérance et le fanatisme constituent l'accompagnement ordinaire d'un sentiment religieux. Ils sont inévitables chez ceux qui croient posséder le secret du bonheur terrestre ou éternel. Ces deux traits se retrouvent dans tous les hommes en groupe lorsqu'une conviction quelconque les soulève. Les Jacobins de la Terreur étaient aussi foncièrement religieux que les catholiques de l'Inquisition, et leur cruelle ardeur dérivait de la même source.

Les convictions des foules revêtent ces caractères de soumission aveugle, d'intolérance farouche, de besoin de propagande violente inhérents au sentiment religieux ; on peut donc dire que toutes leurs croyances ont une forme religieuse. Le héros que la foule acclame est véritablement un dieu pour elle. Napoléon le fut pendant quinze ans, et jamais divinité ne compta de plus parfaits adorateurs. Aucune n'envoya plus facilement les hommes à la mort. Les dieux du paganisme et du christianisme n'exercèrent jamais un empire plus absolu sur les âmes.

Les fondateurs de croyances religieuses ou politiques ne les ont fondées qu'en sachant imposer aux foules ces sentiments de fanatisme religieux qui font trouver à l'homme son bonheur dans l'adoration et le poussent à sacrifier sa vie pour son idole. Il en a été ainsi à toutes les époques. Dans son beau livre sur la Gaule romaine, Fustel de Coulanges fait justement remarquer que l'Empire romain ne se maintint nullement par la force, mais par l'admiration religieuse qu'il inspirait. « Il serait sans exemple dans l'histoire du monde, dit-il avec raison, qu'un régime détesté des populations ait duré cinq siècles… On ne s'expliquerait pas que trente légions de l'Empire eussent pu contraindre cent millions d'hommes à obéir. » S'ils obéissaient, c'est que l'empereur, personnifiant la grandeur romaine, était unanimement adoré comme une divinité. Dans la moindre bourgade de l'Empire, l'empereur avait des autels. « On vit surgir en ce temps-là dans les âmes, d'un bout de l'Empire à l'autre, une religion nouvelle qui eut pour divinités les empereurs eux-mêmes. Quelques années avant l'ère chrétienne, la Gaule entière, représentée par soixante cités, éleva en commun un temple, près de la ville de Lyon, à Auguste… Ses prêtres, élus par la réunion des cités gauloises, étaient les premiers personnages de leur pays… Il est impossible d'attribuer tout cela à la crainte et à la servilité. Des peuples entiers ne sont pas serviles, et ne le sont pas pendant trois siècles. Ce n'étaient pas les courtisans qui adoraient le prince, c'était Rome. Ce n'était pas Rome seulement, c'était la Gaule, c'était l'Espagne, c'était la Grèce et l'Asie. »

Aujourd'hui la plupart des grands conquérants d'âmes ne possèdent plus d'autels, mais ils ont des statues ou des images, et le culte qu'on leur rend n'est pas notablement différent de celui de jadis. On n'arrive à comprendre un peu la philosophie de l'histoire qu'après avoir bien pénétré ce point fondamental de la psychologie des foules : il faut être dieu pour elles ou ne rien être

Ce ne sont pas là des superstitions d'un autre âge chassées définitivement par la raison. Dans sa lutte éternelle contre la raison, le sentiment n'a jamais été vaincu. Les foules ne veulent plus entendre les mots de divinité et de religion, qui les ont si longtemps dominées ; mais aucune époque ne les vit élever autant de statues et d'autels que depuis un siècle. Le mouvement populaire connu sous le nom de boulangisme démontra avec quelle facilité les instincts religieux des foules sont prêts à renaître. Point d'auberge de village, qui ne possédât l'image du héros. On lui attribuait la puissance de remédier à toutes les injustices, à tous les maux, et des milliers d'hommes auraient donné leur vie pour lui. Quelle place n'eût-il pas conquis dans l'histoire si son caractère avait pu soutenir sa légende!

Aussi est-ce une bien inutile banalité de répéter qu'il faut une religion aux foules. Les croyances politiques, divines et sociales ne s'établissent chez elles qu'à la condition de revêtir toujours la forme religieuse, qui les met à l'abri de la discussion. L'athéisme, s'il était possible de le faire accepter aux foules, aurait toute l'ardeur intolérante d'un sentiment religieux, et, dans ses formes extérieures, deviendrait rapidement un culte. L'évolution de la petite secte positiviste nous en fournit une preuve curieuse. Elle ressemble à ce nihiliste, dont le profond Dostoïewsky nous rapporte l'histoire. Éclairé un jour par les lumières de la raison, il brisa les images des divinités et des saints qui ornaient l'autel de sa petite chapelle, éteignit les cierges, et, sans perdre un instant, remplaça les images détruites par les ouvrages de quelques philosophes athées, puis ralluma pieusement les cierges. L'objet de ses croyances religieuses s'était transformé, mais ses sentiments religieux, peut-on dire vraiment qu'ils avaient changé?

On ne comprend bien, je le répète encore, certains événements historiques - et précisément les plus importants - qu'après s'être rendu compte de la forme religieuse que finissent toujours par revêtir les convictions des foules. Bien des phénomènes sociaux demandent l'étude d'un psychologue beaucoup plus que celle d'un naturaliste. Notre grand historien Taine n'a examiné la Révolution qu'en naturaliste, aussi la genèse réelle des événements lui a-t-elle souvent échappé. Il a parfaitement observé les faits, mais, faute d'avoir pénétré la psychologie des foules, le célèbre écrivain n'a pas toujours su remonter aux causes. Les faits l'ayant épouvanté par leur côté sanguinaire, anarchique et féroce, il n'a guère vu dans les héros de la grande épopée qu'une horde de sauvages épileptiques se livrant sans entraves à leurs instincts. Les violences de la Révolution, ses massacres, son besoin de propagande, ses déclarations de guerre à tous les rois s'expliquent seulement si l'on considère qu'elle fut l'établissement d'une nouvelle croyance religieuse dans l'âme des foules. La Réforme, la Saint-Barthélemy, les guerres de Religion, l'Inquisition, la Terreur sont des phénomènes d'ordre identique, accomplis sous la suggestion de ces sentiments religieux qui conduisent nécessairement à extirper, par le fer et le feu, tout ce qui s'oppose à l'établissement de la nouvelle croyance. Les méthodes de l'Inquisition et de la Terreur sont celles des vrais convaincus. Ils ne seraient pas des convaincus s'ils en employaient d'autres.

Les bouleversements analogues à ceux que je viens de citer ne sont possibles que quand l'âme des foules les fait surgir. Les plus absolus despotes seraient impuissants à les déchaîner. Les historiens montrant la Saint-Barthélemy comme l'œuvre d'un roi, ignorent la psychologie des foules tout autant que celle des rois. De semblables manifestations ne peuvent sortir que de l'âme populaire. Le pouvoir le plus absolu du monarque le plus despotique ne va guère plus loin que d'en hâter ou d'en retarder un peu le moment. Ce ne sont pas les rois qui firent ni la Saint-Barthélemy, ni les guerres de Religion, pas plus que Robespierre, Danton ou Saint-Just ne firent la Terreur. Derrière de pareils événements on retrouve toujours l'âme des foules.

# LIVRE II

# LES OPINIONS
# ET LES CROYANCES DES FOULES

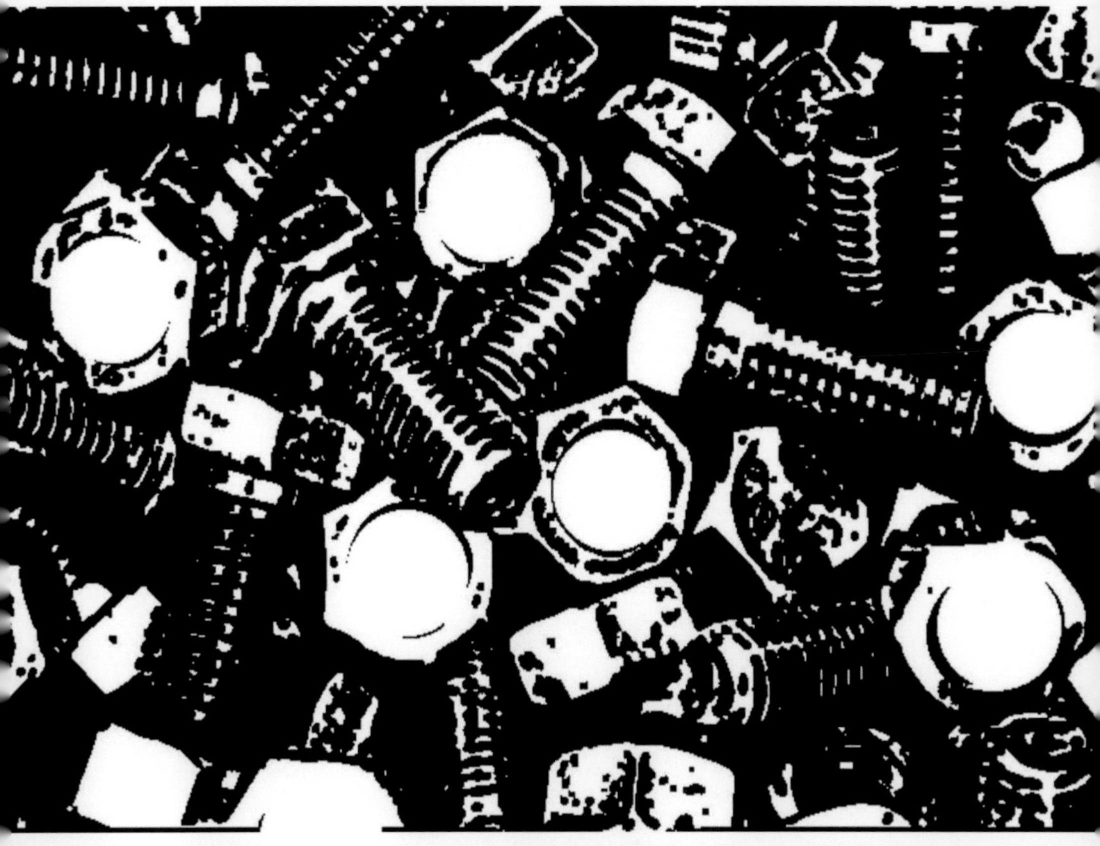

# Chapitre I

# Facteurs lointains des croyances et opinions des foules

Nous venons d'étudier la constitution mentale des foules. Nous connaissons leurs manières de sentir, de penser, de raisonner. Examinons maintenant comment naissent et s'établissent leurs opinions et leurs croyances.

Les facteurs qui déterminent ces opinions et ces croyances sont de deux ordres : facteurs lointains et facteurs immédiats.

Les facteurs lointains rendent les foules capables d'adopter certaines convictions et inaptes à se laisser pénétrer par d'autres. Ils préparent le terrain où l'on voit germer tout à coup des idées nouvelles, dont la force et les résultats étonnent, mais qui n'ont de spontané que l'apparence. L'explosion et la mise en œuvre de certaines idées chez les foules présentent quelquefois une soudaineté foudroyante. Ce n'est là qu'un effet superficiel, derrière lequel on doit chercher le plus souvent un long travail antérieur.

Les facteurs immédiats sont ceux qui, superposés à ce long travail, sans lequel ils ne pourraient agir, provoquent la persuasion active chez les foules, c'est-à-dire font prendre forme à l'idée et la déchaînent avec toutes ses conséquences. Sous la poussée de ces facteurs immédiats surgissent les résolutions qui soulèvent brusquement les collectivités ; par eux éclate une émeute ou se décide une grève ; par eux des majorités énormes portent un homme au pouvoir ou renversent un gouvernement.

Dans tous les grands événements de l'histoire, on constate l'action successive de ces deux ordres de facteurs. La Révolution française, pour ne prendre qu'un des plus frappants exemples, eut parmi ses facteurs lointains les critiques des écrivains, les exactions de l'Ancien Régime. L'âme des foules, ainsi préparée, fut soulevée ensuite aisément par des facteurs immédiats, tels que les discours des orateurs, et les résistances de la cour à propos de réformes insignifiantes.

Parmi les facteurs lointains, il y en a de généraux qu'on retrouve au fond de toutes les croyances et opinions des foules ; ce sont : la race, les traditions, le temps, les institutions, l'éducation. Nous allons étudier leur rôle respectif.


### 1. La race

Ce facteur, la race, doit être mis au premier rang, car à lui seul il est beaucoup plus important que tous les autres. Nous l'avons suffisamment étudié dans un précédent volume pour qu'il soit utile d'y revenir longuement. Nous y avons montré ce qu'est une race historique, et comment, dès que ses caractères sont formés, ses croyances, ses institutions, ses arts, en un mot tous les éléments de sa civilisation, deviennent l'expression extérieure de son âme. Le pouvoir de la race est tel qu'aucun élément ne saurait passer d'un peuple à un autre sans subir les transformations les plus profondes[1].

Le milieu, les circonstances, les événements représentent les suggestions sociales du moment. Ils peuvent exercer une action importante, mais toujours momentanée si elle est contraire aux suggestions de la race, c'est-à-dire de toute la série des ancêtres.

Dans plusieurs chapitres de cet ouvrage, nous aurons encore occasion de revenir sur l'influence de la race, et de montrer que cette influence est si grande qu'elle domine les caractères spéciaux à l'âme des foules. C'est pourquoi les multitudes des divers pays présentent dans leurs croyances et leur conduite des différences très accentuées, et ne peuvent être influencées de la même façon.

---

[1]Cette proposition étant bien nouvelle encore, et l'histoire demeurant tout à fait inintelligible sans elle, j'ai consacré plusieurs chapitres de mon ouvrage *(Les lois psychologiques de l'évolution des peuples)* à sa démonstration. Le lecteur y verra que, malgré de trompeuses apparences, ni la langue, ni la religion, ni les arts, ni, en un mot, aucun élément de civilisation, ne peut passer intact d'un peuple à un autre.

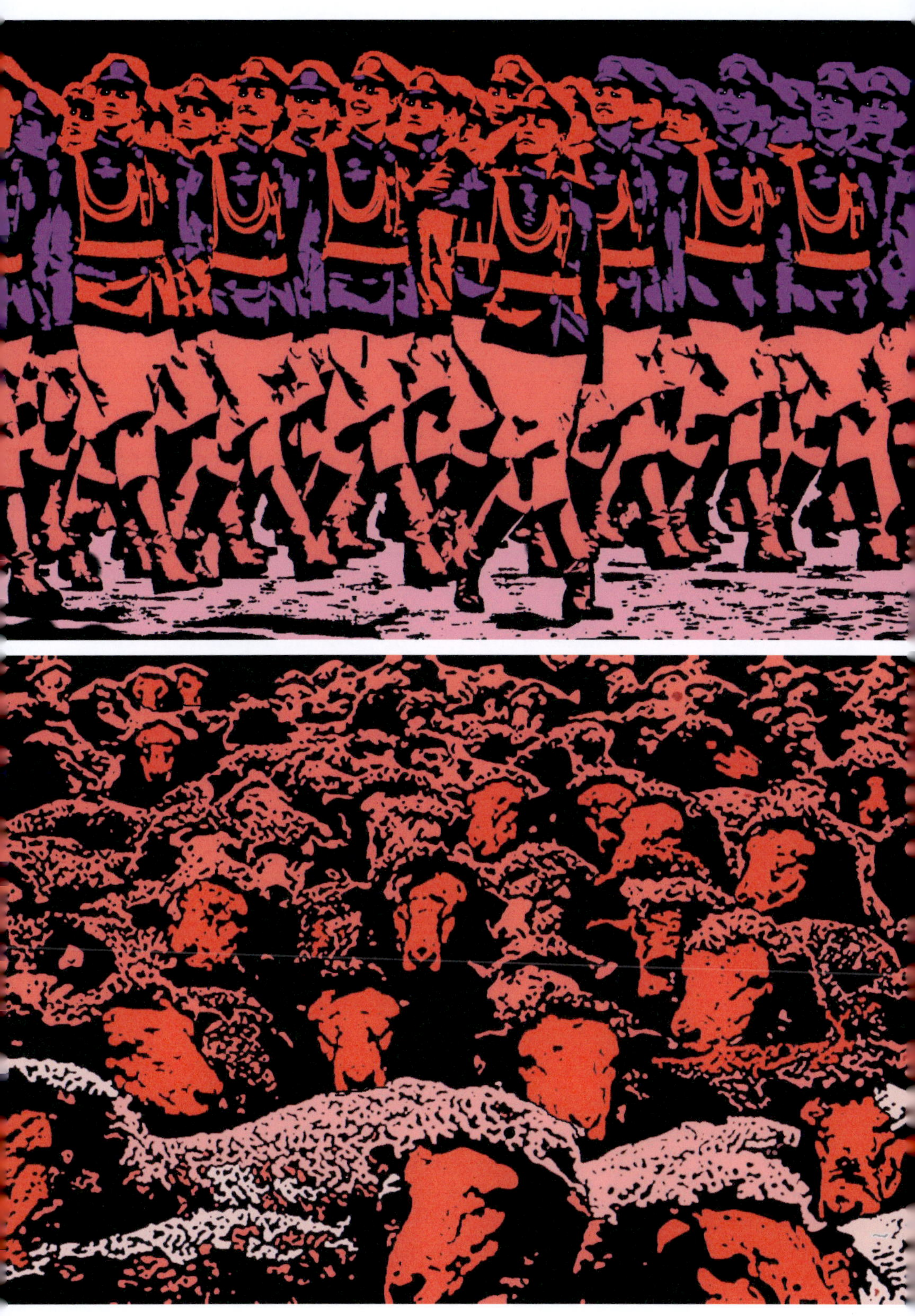

## 2. *Les traditions*

Les traditions représentent les idées, les besoins, les sentiments du passé. Elles sont la synthèse de la race et pèsent de tout leur poids sur nous.

Les sciences biologiques ont été transformées depuis que l'embryologie a montré l'influence immense du passé dans l'évolution des êtres ; et les sciences historiques le seront pareillement quand cette notion deviendra plus répandue. Elle ne l'est pas suffisamment encore, et bien des hommes d'État en sont restés aux idées des théoriciens du dernier siècle, s'imaginant qu'une société peut rompre avec son passé et être refaite de toutes pièces en prenant pour guides les lumières de la raison.

Un peuple est un organisme créé par le passé. Comme tout organisme, il ne peut se modifier que par de lentes accumulations héréditaires.

Les vrais conducteurs des peuples sont ses traditions ; et, comme je l'ai répété bien des fois, ils n'en changent facilement que les formes extérieures. Sans traditions, c'est-à-dire sans âme nationale, aucune civilisation n'est possible.

Aussi les deux grandes occupations de l'homme depuis qu'il existe ont-elles été de se créer un réseau de traditions puis de les détruire lorsque leurs effets bienfaisants sont usés. Sans traditions stables, pas de civilisation ; sans la lente élimination de ces traditions, pas de progrès. La difficulté est de trouver un juste équilibre entre la stabilité et la variabilité. Cette difficulté est immense. Quand un peuple laisse ses coutumes se fixer trop solidement pendant de nombreuses générations, il ne peut plus évoluer et devient, comme la Chine, incapable de perfectionnements. Les révolutions violentes elles-mêmes deviennent impuissantes, car il arrive alors, ou que les fragments brisés de la chaîne se ressoudent, et alors le passé reprend sans changements son empire, ou que les fragments dispersés engendrent l'anarchie et bientôt la décadence.

Aussi la tâche fondamentale d'un peuple doit-elle être de garder les institutions du passé, en les modifiant peu à peu. Tâche difficile. Les Romains dans les temps anciens, les Anglais dans les temps modernes, sont à peu près les seuls à l'avoir réalisée.

Les conservateurs les plus tenaces des idées traditionnelles, et qui s'opposent le plus obstinément à leur changement, sont précisément les foules, et notamment les catégories des foules qui constituent les castes. J'ai déjà insisté sur cet esprit conservateur et montré que beaucoup de révoltes n'aboutissent qu'à des changements de mots. À la fin du dernier siècle, devant les églises détruites, les prêtres expulsés ou guillotinés, la persécution universelle du culte catholique, on pouvait croire que les vieilles idées religieuses avaient perdu tout pouvoir ; et cependant après quelques années les réclamations universelles amenèrent le rétablissement du culte aboli[1].

Aucun exemple ne montre mieux la puissance des traditions sur l'âme des foules.

Les temples n'abritent pas les idoles les plus redoutables, ni les palais les tyrans les plus despotiques. On les détruit facilement. Les maîtres invisibles qui règnent dans nos âmes échappent à tout effort et ne cèdent qu'à la lente usure des siècles.

---

[1] Le rapport de l'ancien conventionnel Fourcroy, cité par Taine, est à ce point de vue fort net :

« Ce qu'on voit partout sur la célébration du dimanche et sur la fréquentation des églises prouve que la masse des Français veut revenir aux anciens usages, et il n'est plus temps de résister à cette pente nationale...

« La grande masse des hommes a besoin de religion, de culte et de prêtres. *C'est une erreur de quelques philosophes modernes, à laquelle j'ai été moi-même entraîné,* que de croire à la possibilité d'une instruction assez répandue pour détruire les préjugés religieux ; ils sont, pour le grand nombre des malheureux, une source de consolation...

« Il faut donc laisser à la masse du peuple, ses prêtres, ses autels et son culte. »

### 3. *Le temps*

Dans les problèmes sociaux, comme dans les problèmes biologiques, un des plus énergiques facteurs est le temps. Il représente le vrai créateur et le grand destructeur. C'est lui qui a édifié les montagnes avec des grains de sable, et élevé jusqu'à la dignité humaine l'obscure cellule des temps géologiques. Il suffit pour transformer un phénomène quelconque de faire intervenir les siècles. On a dit avec raison qu'une fourmi qui aurait le temps devant elle pourrait niveler le mont Blanc. Un être possédant le pouvoir magique de varier le temps à son gré aurait la puissance que les croyants attribuent à leurs Dieux.

Mais nous n'avons à nous occuper ici que de l'influence du temps dans la genèse des opinions des foules. À ce point de vue, son action est encore immense. Il tient sous sa dépendance les grandes forces, telles que la race, qui ne peuvent se former sans lui. Il fait évoluer et mourir toutes les croyances. Par lui elles acquièrent leur puissance et par lui aussi elles la perdent.

Le temps prépare les opinions et les croyances des foules, c'est-à-dire le terrain où elles germeront. Il s'ensuit que certaines idées réalisables à une époque ne le sont plus à une autre. Le temps accumule l'immense résidu de croyances et de pensées, sur lequel naissent les idées d'une époque. Elles ne germent pas au hasard et à l'aventure. Leurs racines plongent dans un long passé. Quand elles fleurissent, le temps avait préparé leur éclosion ; et c'est toujours en arrière qu'il faut remonter pour en concevoir la genèse. Elles sont filles du passé et mères de l'avenir, esclaves du temps toujours.

Ce dernier est donc notre véritable maître, et il suffit de le laisser agir pour voir toutes choses se transformer. Aujourd'hui, nous nous inquiétons fort des aspirations menaçantes des foules, des destructions et des bouleversements qu'elles présagent. Le temps se chargera à lui seul de rétablir l'équilibre. « Aucun régime, écrit très justement M. Lavisse, ne se fonda en un jour. Les organisations politiques et sociales sont des œuvres qui demandent des siècles ; la féodalité exista informe et chaotique pendant des siècles, avant de trouver ses règles ; la monarchie absolue vécut pendant des siècles aussi, avant de trouver des moyens réguliers de gouvernements, et il y eut de grands troubles dans ces périodes d'attente. »

### 4. Les institutions politiques et sociales

L'idée que les institutions peuvent remédier aux défauts des sociétés, que le progrès des peuples résulte du perfectionnement des constitutions et des gouvernements et que les changements sociaux s'opèrent à coups de décrets ; cette idée, dis-je, est très généralement répandue encore. La Révolution française l'eut pour point de départ et les théories sociales actuelles y prennent leur point d'appui.

Les expériences les plus continues n'ont pas réussi à ébranler cette redoutable chimère. En vain philosophes et historiens ont essayé d'en prouver l'absurdité. Il ne leur a pas été difficile pourtant de montrer que les institutions sont filles des idées, des sentiments et des mœurs ; et qu'on ne refait pas les idées, les sentiments et les mœurs en refaisant les codes. Un peuple ne choisit pas plus des institutions à son gré, qu'il ne choisit la couleur de ses yeux ou de ses cheveux. Les institutions et les gouvernements représentent le produit de la race. Loin d'être les créateurs d'une époque, ils sont ses créations. Les peuples ne sont pas gouvernés suivant leurs caprices d'un moment, mais comme l'exige leur caractère. Il faut parfois des siècles pour former un régime politique, et des siècles pour le changer. Les institutions n'ont aucune vertu intrinsèque ; elles ne sont ni bonnes ni mauvaises en elles-mêmes. Bonnes à un moment donné pour un peuple donné, elles peuvent être détestables pour un autre.

Un peuple n'a donc nullement le pouvoir de changer réellement ses institutions. Il peut assurément, au prix de révolutions violentes, en modifier le nom, mais le fond ne se modifie pas. Les noms sont de vaines étiquettes dont l'historien, préoccupé de la valeur réelle des choses, n'a pas à tenir compte. C'est ainsi par exemple que leplus démocratique pays du monde est l'Angleterre[1], soumise cependant à un régime monarchique, alors que les républiques hispano-américaines, régies par des constitutions républicaines, subissent les plus lourds despotismes. Le caractère des peuples et non les gouverne-

---

[1] C'est ce que reconnaissent, même aux États-Unis, les républicains les plus avancés. Le journal américain Forum exprimait cette opinion catégorique dans les termes que je reproduis ici, d'après la *Review of Reviews* de décembre 1894 :
« On ne doit jamais oublier, même chez les plus fervents ennemis de l'aristocratie, que l'Angleterre est aujourd'hui le pays le plus démocratique de l'univers, celui où les droits de l'individu sont le plus respectés, et celui où les individus possèdent le plus de liberté. »

ments détermine leurs destinées. J'ai tenté d'établir cette vérité dans un précédent volume, en m'appuyant sur de catégoriques exemples.

C'est donc une tâche puérile, un inutile exercice de rhéteur que de perdre son temps à fabriquer des constitutions. La nécessité et le temps se chargent de les élaborer, quand on laisse agir ces deux facteurs. Le grand historien Macaulay montre dans un passage que devraient apprendre par cœur les politiciens de tous les pays latins que les Anglo-Saxons s'y sont pris ainsi. Après avoir expliqué les bienfaits de lois paraissant, au point de vue de la raison pure, un chaos d'absurdités et de contradictions, il compare les douzaines de constitutions mortes dans les convulsions des peuples latins de l'Europe et de l'Amérique avec celle de l'Angleterre, et fait voir que cette dernière n'a été changée que très lentement, par parties, sous l'influence de nécessités immédiates et jamais de raisonnements spéculatifs. « Ne point s'inquiéter de la symétrie, et s'inquiéter beaucoup de l'utilité ; n'ôter jamais une anomalie uniquement parce qu'elle est une anomalie ; ne jamais innover si ce n'est lorsque quelque malaise se fait sentir, et alors innover juste assez pour se débarrasser du malaise ; n'établir jamais une proposition plus large que le cas particulier auquel on remédie ; telles sont les règles qui, depuis l'âge de Jean jusqu'à l'âge de Victoria, ont généralement guidé les délibérations de nos deux cent cinquante parlements. »

Il faudrait prendre une à une les lois, les institutions de chaque peuple, pour montrer à quel point elles sont l'expression des besoins de leur race, et ne sauraient pour cette raison être violemment transformées. On peut disserter philosophiquement, par exemple, sur les avantages et les inconvénients de la centralisation ; mais quand nous voyons un peuple, composé de races diverses, consacrer mille ans d'efforts pour arriver progressivement à cette centralisation ; quand nous constatons qu'une grande révolution ayant pour but de briser toutes les institutions du passé, fut forcée non seulement de respecter cette centralisation, mais de l'exagérer encore, nous pouvons conclure qu'elle est fille de nécessités impérieuses, une condition même d'existence, et plaindre la faible portée mentale des hommes politiques qui parlent de la détruire. Si par hasard leur opinion triomphait, cette réussite serait le signal d'une profonde anarchie[1] qui ramènerait d'ailleurs à une nouvelle centralisation plus lourde que l'ancienne.

Concluons de ce qui précède que ce n'est pas dans les institutions qu'il faut chercher le moyen d'agir profondément sur l'âme des foules. Certains pays, comme les États-Unis, prospèrent merveilleusement avec des institutions démocratiques, et d'autres, tels que les républiques hispano-américaines, végètent dans la plus lamentable anarchie malgré des institutions semblables. Ces institutions sont aussi étrangères à la grandeur des uns qu'à la décadence des autres. Les peuples restent gouvernés par leur caractère, et toutes les institutions qui ne sont pas intimement moulées sur ce caractère ne représentent qu'un vêtement d'emprunt, un déguisement transitoire. Certes, des guerres sanglantes, des révolutions violentes ont été faites, et se feront encore, pour imposer des institutions auxquelles est attribué le pouvoir surnaturel de créer le bonheur. On pourrait donc dire en un sens que les institutions agissent sur l'âme des foules puisqu'elles engendrent de pareils soulèvements. Mais nous savons que, en réalité, triomphantes ou vaincues, elles ne possèdent par elles-mêmes aucune vertu. En poursuivant leur conquête on ne poursuit donc que des illusions.

---

[1] Si l'on rapproche les profondes dissensions religieuses et politiques qui séparent les diverses parties de la France, et sont surtout une question de race, des tendances séparatistes manifestées à l'époque de la Révolution, et dessinées à nouveau vers la fin de la guerre franco-allemande, on voit que les races diverses subsistant sur notre sol sont bien loin d'être fusionnées encore. La centralisation énergique de la Révolution et la création de départements artificiels destinés à mêler les anciennes provinces furent certainement son œuvre la plus utile. Si la décentralisation, dont parlent tant aujourd'hui des esprits imprévoyants, pouvait être créée, elle aboutirait promptement aux plus sanglantes discordes. Le méconnaître c'est oublier entièrement notre histoire.

## 5. L'instruction et l'éducation

Au premier rang des idées dominantes de notre époque se trouve aujourd'hui celle-ci : l'instruction a pour résultat certain d'améliorer les hommes et même de les rendre égaux. Par le fait seul de la répétition, cette assertion a fini par devenir un des dogmes les plus inébranlables de la démocratie. Il serait aussi difficile d'y toucher maintenant qu'il l'eût été jadis de toucher à ceux de l'Église.

Mais sur ce point, comme sur bien d'autres, les idées démocratiques se trouvent en profond désaccord avec les données de la psychologie et de l'expérience. Plusieurs philosophes éminents, Herbert Spencer notamment, eurent peu de peine à montrer que l'instruction ne rend l'homme ni plus moral ni plus heureux, qu'elle ne change pas ses instincts et ses passions héréditaires et peut, mal dirigée, devenir beaucoup plus pernicieuse qu'utile. Les statisticiens sont venus confirmer ces vues en nous disant que la criminalité augmente avec la généralisation de l'instruction, ou tout au moins d'une certaine instruction ; que les pires ennemis de la société, les anarchistes, se recrutent souvent parmi les lauréats des écoles. Un magistrat distingué, M. Adolphe Guillot, faisait remarquer qu'on compte actuellement trois mille criminels lettrés contre mille illettrés, et que, en cinquante ans, la criminalité est passée de deux cent vingt-sept pour cent mille habitants, à cinq cent cinquante-deux, soit une augmentation de 133 %. Il a noté aussi avec ses collègues que la criminalité progresse principalement chez les jeunes gens pour lesquels l'école gratuite a remplacé le patronat.

Personne, certes, n'a jamais soutenu que l'instruction bien dirigée ne puisse donner des résultats pratiques fort utiles, sinon pour élever la moralité, au moins pour développer les capacités professionnelles. Malheureusement les peuples latins, surtout depuis une trentaine d'années, ont basé leur système d'instruction sur des principes très défectueux, et, malgré les observations d'esprits éminents, ils persistent dans leurs lamentables erreurs. J'ai moi-même, en divers ouvrages[1], montré que notre éducation actuelle transforme en ennemis de la société un grand nombre de ceux qui l'ont reçue, et recrute beaucoup de disciples pour les pires formes du socialisme.

Le premier danger de cette éducation - très justement qualifiée de latine - est de reposer sur une erreur psychologique fondamentale : s'imaginer que la récitation des manuels développe l'intelli-

---

[1] *Voir Psychologie du socialisme, 7e éd., et Psychologie de l'éducation, 14e éd.*

gence. Dès lors, on tâche d'en apprendre le plus possible ; et, de l'école primaire au doctorat ou à l'agrégation, le jeune homme ne fait qu'ingurgiter le contenu des livres, sans exercer jamais son jugement et son initiative. L'instruction, pour lui, consiste à réciter et à obéir. « Apprendre des leçons, savoir par cœur une grammaire ou un abrégé, bien répéter, bien imiter, voilà, écrivait un ancien ministre de l'Instruction publique, M. Jules Simon, une plaisante éducation où tout effort est un acte de foi devant l'infaillibilité du maître, et n'aboutit qu'à nous diminuer et nous rendre impuissants. »

Si cette éducation n'était qu'inutile, on pourrait se borner à plaindre les malheureux enfants auxquels, à la place de tant de choses nécessaires on préfère enseigner la généalogie des fils de Clotaire, les luttes de la Neustrie et de l'Austrasie, ou des classifications zoologiques ; mais elle présente le danger beaucoup plus sérieux d'inspirer à celui qui l'a reçue un dégoût violent de la condition où il est né, et l'intense désir d'en sortir. L'ouvrier ne veut plus rester ouvrier, le paysan ne veut plus être paysan, et le dernier des bourgeois ne voit pour ses fils d'autre carrière possible que les fonctions salariées par l'État. Au lieu de préparer des hommes pour la vie, l'école ne les prépare qu'à des fonctions publiques où la réussite n'exige aucune lueur d'initiative. En bas de l'échelle sociale, elle crée ces armées de prolétaires mécontents de leur sort et toujours prêts à la révolte ; en haut, notre bourgeoisie frivole, à la fois sceptique et crédule, imprégnée d'une confiance superstitieuse dans l'État providence, que cependant elle fronde sans cesse, inculpant toujours le gouvernement de ses propres fautes et incapable de rien entreprendre sans l'intervention de l'autorité.

L'État, qui fabrique à coups de manuels tous ces diplômés, ne peut en utiliser qu'un petit nombre et laisse forcément les autres sans emploi. Il lui faut donc se résigner à nourrir les premiers et à avoir pour ennemis les seconds. Du haut en bas de la pyramide sociale, la masse formidable des diplômés assiège aujourd'hui les carrières. Un négociant peut très difficilement trouver un agent pour aller le représenter dans les colonies, mais c'est par des milliers de candidats que les plus modestes places officielles sont sollicitées. Le département de la Seine compte à lui seul vingt mille instituteurs et institutrices sans emploi, et qui, méprisant les champs et l'atelier, s'adressent à l'État pour vivre. Le nombre des élus étant restreint, celui des mécontents est forcément immense. Ces derniers sont prêts pour toutes les révolutions, quels qu'en soient les chefs et le but poursuivi. L'acquisition de connaissances inutilisables est un moyen sûr de transformer l'homme en révolté[1].

Il est évidemment trop tard pour remonter un tel courant. Seule l'expérience, dernière éducatrice des peuples, se chargera de nous dévoiler notre erreur. Seule elle saura prouver la nécessité de remplacer nos odieux manuels, nos pitoyables concours par une instruction professionnelle capable de ramener la jeunesse vers les champs, les ateliers, les entreprises coloniales, aujourd'hui délaissés.

Cette instruction professionnelle réclamée maintenant par tous les esprits éclairés fut celle que reçurent jadis nos pères, et que les peuples actuellement dominateurs du monde par leur volonté, leur initiative, leur esprit d'entreprise, ont su conserver. Dans des pages remarquables, dont je produirai plus loin les passages essentiels, Taine a montré nettement que notre éducation d'autrefois était à peu près ce qu'est aujourd'hui l'éducation anglaise ou américaine, et, dans un remarquable parallèle entre le système latin et le système anglo-saxon, il fait voir clairement les conséquences des deux méthodes.

Peut-être pourrait-on accepter tous les inconvénients de notre éducation classique, alors même qu'elle ne ferait que des déclassés et des mécontents, si l'acquisition superficielle de tant de connaissances, la récitation parfaite de tant de manuels élevaient le niveau de l'intelligence. Mais atteint-elle réellement ce résultat ? Non, hélas ! Le jugement, l'expérience, l'initiative, le caractère sont les conditions de succès dans la vie, et ce n'est pas dans les livres qu'on les apprend. Les livres sont des dictionnaires utiles à consulter, mais dont il est parfaitement superflu d'emmagasiner dans la tête de longs fragments.

---

[1] Ce n'est pas là d'ailleurs un phénomène spécial aux peuples latins ; on l'observe aussi en Chine, pays conduit également par une solide hiérarchie de mandarins, et où le mandarinat s'obtient aussi par des concours dont la seule épreuve est la récitation imperturbable d'épais manuels. L'armée des lettrés sans emploi est considérée aujourd'hui en Chine comme une véritable calamité nationale. De même dans l'Inde, *où,* depuis que les Anglais ont ouvert des écoles, non pour éduquer, comme en Angleterre, mais simplement pour instruire les indigènes, il s'est formé une classe spéciale de lettrés, les Babous, qui, lorsqu'ils ne peuvent acquérir une position, deviennent d'irréconciliables ennemis de la puissance anglaise. Chez tous les Babous, munis *ou* non d'emplois, le premier effet de l'instruction a été d'abaisser immensément le niveau de leur moralité. J'ai longuement insisté sur ce point dans mon livre *Les civilisations de l'Inde. Tous* les auteurs *qui* ont visité la grande péninsule l'ont également constaté.

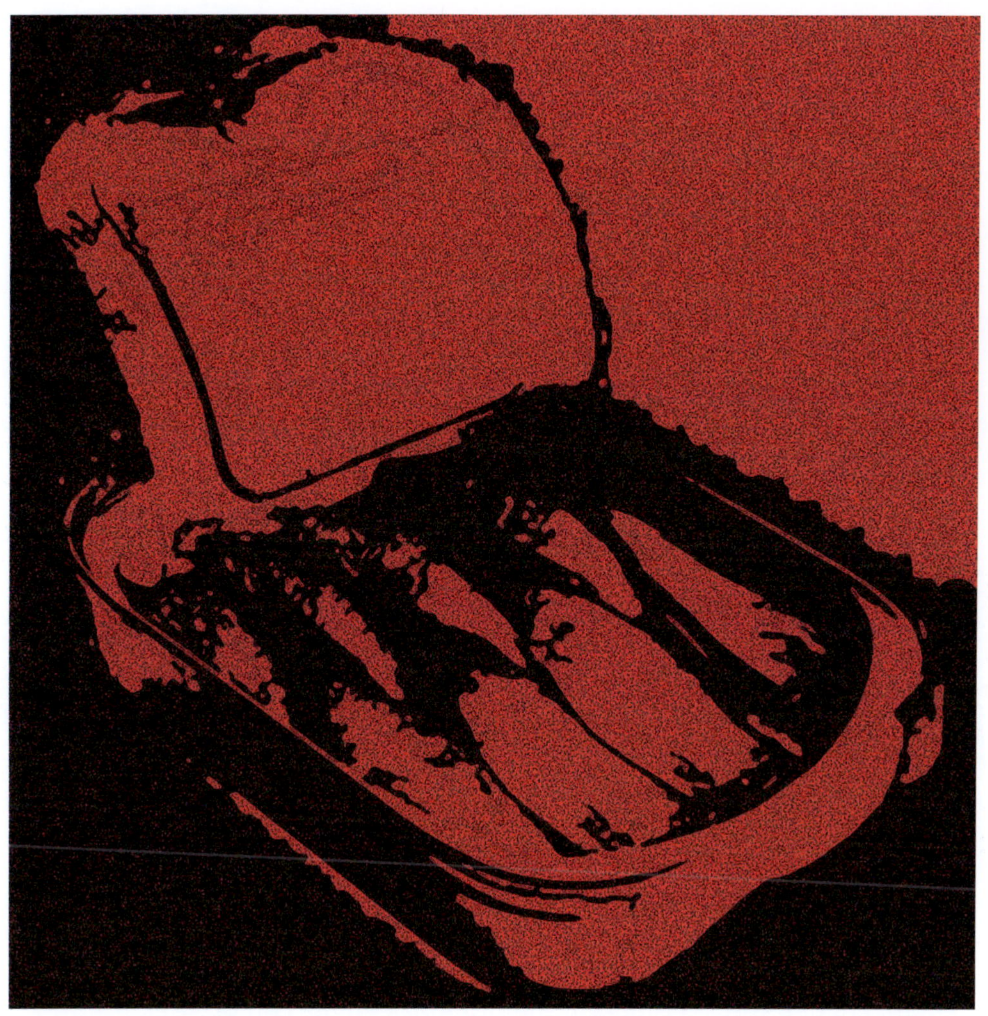

Comment l'instruction professionnelle peut-elle développer l'intelligence dans une mesure qui échappe tout à fait à l'instruction classique. Taine l'a fort bien montré dans les lignes suivantes :

Les idées ne se forment que dans leur milieu naturel et normal ; ce qui fait végéter leur germe, ce sont les innombrables impressions sensibles que le jeune homme reçoit tous les jours à l'atelier, dans la mine, au tribunal, à l'étude, sur le chantier, à l'hôpital, au spectacle des outils, des matériaux et des opérations, en présence des clients, des ouvriers, du travail, de l'ouvrage bien ou mal fait, dispendieux ou lucratif : voilà les petites perceptions particulières des yeux, de l'oreille, des mains et même de l'odorat, qui, involontairement recueillies et sourdement élaborées, s'organisent en lui pour lui suggérer tôt ou tard telle combinaison nouvelle, simplification, économie, perfectionnement ou invention. De tous ces contacts précieux, de tous ces éléments assimilables et indispensables, le jeune Français est privé, et justement pendant l'âge fécond : sept ou huit années durant, il est séquestré dans une école, loin de l'expérience directe et personnelle qui lui aurait donné la notion exacte et vive des choses, des hommes et des diverses façons de les manier.

... Au moins neuf sur dix ont perdu leur temps et leur peine, plusieurs années de leur vie, et des années efficaces, importantes ou même décisives : comptez d'abord la moitié ou les deux tiers de ceux qui se présentent à l'examen, je veux dire les refusés ; ensuite, parmi les admis, gradés, brevetés et diplômés, encore la moitié ou les deux tiers, je veux dire les surmenés. On leur a demandé trop en exigeant que tel jour, sur une chaise ou devant un tableau, ils fussent, deux heures durant et pour un groupe de sciences, des répertoires vivants de toute la connaissance humaine ; en effet, ils ont été cela, ou à peu près, ce jour-là, pendant deux heures ; mais, un mois plus tard, ils ne le sont plus ; ils ne pourraient pas subir de nouveau l'examen ; leurs acquisitions, trop nombreuses et trop lourdes, glissent incessamment hors de leur esprit, et ils n'en font pas de nouvelles. Leur vigueur mentale a fléchi ; la sève féconde est tarie ; l'homme fait apparaît, et, souvent c'est l'homme fini. Celui-ci, rangé, marié, résigné à tourner en cercle et indéfiniment dans le même cercle, se cantonne dans son office restreint ; il le remplit correctement, rien au-delà. Tel est le rendement moyen ; certainement la recette n'équilibre pas la dépense. En Angleterre et en Amérique, où, comme jadis avant 1789 en France, on emploie le procédé inverse, le rendement obtenu est égal ou supérieur.

L'illustre historien nous montre ensuite la différence de notre système avec celui des Anglo-Saxons. Chez eux l'enseignement ne provient pas du livre, mais de la chose elle-même. L'ingénieur, par exemple, se formant dans un atelier et jamais dans une école, chacun peut arriver exactement au degré que comporte son intelligence, ouvrier ou contremaître s'il est incapable d'aller plus loin, ingénieur si ses aptitudes le permettent. C'est là un procédé autrement démocratique et utile pour la société que de faire dépendre toute la carrière d'un individu d'un concours de quelques heures subi à dix-huit ou vingt ans.

À l'hôpital, dans la mine, dans la manufacture, chez l'architecte, chez l'homme de loi, l'élève, admis très jeune, fait son apprentissage, et son stage, à peu près comme chez nous un clerc dans son étude ou un rapin dans son atelier. Au préalable et avant d'entrer, il a pu suivre quelque cours général et sommaire, afin d'avoir un cadre tout prêt pour y loger les observations que tout à l'heure il va faire. Cependant, à sa portée, il y a, le plus souvent, quelques cours techniques qu'il pourra suivre à ses heures libres, afin de coordonner au fur et à mesure les expériences quotidiennes qu'il fait. Sous un pareil régime, la capacité pratique croît et se développe d'elle-même, juste au degré que comportent les facultés de l'élève, et dans la direction requise par sa besogne future par l'œuvre spéciale à laquelle dès à présent il veut s'adapter. De cette façon, en Angleterre et aux États-Unis, le jeune homme parvient vite à tirer de lui-même tout ce qu'il contient. Dès vingt-cinq ans, et bien plus tôt, si la substance et le fonds ne lui manquent pas, il est, non seulement un exécutant utile, mais encore un entrepreneur spontané, non seulement un rouage, mais de plus un moteur. - En France, où le procédé inverse a prévalu et, à chaque génération, devient plus chinois, le total des forces perdues est énorme.

Et le grand philosophe arrive à la conclusion suivante sur la disconvenance croissante de notre éducation latine et de la vie :

Aux trois étages de l'instruction, pour l'enfance, l'adolescence et la jeunesse, la préparation théorique et scolaire sur des bancs, par des livres, s'est prolongée et surchargée, en vue de l'examen, du grade, du diplôme et du brevet, en vue de cela seulement, et par les pires moyens, par l'application d'un régime antinaturel et antisocial, par le retard excessif de l'apprentissage pratique, par l'internat, par l'entraînement artificiel et le remplissage mécanique, par le surmenage, sans considération du temps qui suivra, de l'âge adulte et des offices virils que l'homme fait exercera, abstraction faite du monde réel où tout à l'heure le jeune homme va tomber, de la société ambiante à laquelle il faut l'adapter ou le résigner d'avance, du conflit humain où pour se défendre et se tenir debout, il doit être, au préalable, équipé, armé, exercé, endurci. Cet équipement indispensable, cette acquisition plus importante que toutes les autres, cette solidité du bon sens de la volonté et des nerfs, nos écoles ne la lui procurent pas ; tout au rebours ; bien loin de le qualifier, elles le disqualifient pour sa condition prochaine et définitive. Partant, son entrée dans le monde et ses premiers pas dans le champ de l'action pratique ne sont, le plus souvent, qu'une suite de chutes douloureuses ; il en reste meurtri, et, pour longtemps, froissé, parfois estropié à demeure. C'est une rude et dangereuse épreuve ; l'équilibre moral et mental s'y altère, et court le risque de ne pas se rétablir ; la désillusion est venue, trop brusque et trop complète ; les déceptions ont été trop grandes et les déboires trop forts[1].

Nous sommes-nous éloignés, dans ce qui précède, de la psychologie des foules ? Non, certes. Pour comprendre les idées, les croyances qui y germent aujourd'hui et écloront demain, il faut savoir comment le terrain a été préparé. L'enseignement donné à la jeunesse d'un pays permet de prévoir un peu les destinées de ce pays. L'éducation de la génération actuelle justifie les prévisions les plus sombres. C'est en partie avec l'instruction et l'éducation que s'améliore ou s'altère l'âme des foules. Il était donc nécessaire de montrer comment le système actuel l'a façonnée, et comment la masse des indifférents et des neutres est devenue progressivement une immense armée de mécontents, prête à suivre toutes les suggestions des utopistes et des rhéteurs. L'école forme aujourd'hui des mécontents et des anarchistes et prépare pour les peuples latins les heures de décadence.

---

[1]TAINE, *Le régime moderne,* t. II, 1894. - Ces pages sont à peu près les dernières qu'écrivit Taine. Elles résument admirablement les résultats de sa longue expérience. L'éducation est notre seul moyen d'agir un peu sur l'âme d'un peuple. Il est profondément triste que presque personne en France ne puisse arriver à comprendre quel redoutable élément de décadence constitue notre enseignement actuel. Au lieu d'élever la jeunesse il l'abaisse et la pervertit.

# Chapitre II

# Facteurs immédiats des opinions des foules

Nous venons de rechercher les facteurs lointains et préparatoires qui dotent l'âme des peuples d'une réceptivité spéciale, rendant possible chez les foules l'éclosion de certains sentiments et de certaines idées. Il nous reste à examiner maintenant les facteurs susceptibles d'exercer une action immédiate. Nous verrons dans un prochain chapitre comment doivent être maniés ces facteurs pour produire tous leurs effets.

La première partie de notre ouvrage a traité des sentiments, des idées, des raisonnements des collectivités ; et cette connaissance pourrait évidemment fournir d'une façon générale les moyens d'impressionner leur âme. Nous savons déjà ce qui frappe l'imagination des foules, la puissance et la contagion des suggestions, surtout présentées sous forme d'images. Mais les suggestions possibles étant d'origine fort diverse, les facteurs capables d'agir sur l'âme des foules peuvent être assez différents. Il est donc nécessaire de les examiner séparément. Les foules sont un peu comme le sphynx de la fable antique : il faut savoir résoudre les problèmes que leur psychologie nous pose, ou se résigner à être dévoré par elles.

## 1. Les images, les mots et les formules

En étudiant l'imagination des foules, nous avons vu qu'elles sont impressionnées surtout par des images. Si l'on ne dispose pas toujours de ces images, il est possible de les évoquer par l'emploi judicieux des mots et des formules. Maniés avec art, ils possèdent vraiment la puissance mystérieuse que leur attribuaient jadis les adeptes de la magie. Ils provoquent dans l'âme des multitudes les plus formidables tempêtes, et savent aussi les calmer. On élèverait une pyramide plus haute que celle du vieux Khéops avec les seuls ossements des victimes de la puissance des mots et des formules.

La puissance des mots est liée aux images qu'ils évoquent et tout à fait indépendante de leur signification réelle. Ceux dont le sens est le plus mal défini possèdent parfois le plus d'action. Tels, par exemple, les termes : démocratie, socialisme, égalité, liberté, etc., dont le sens est si vague que de gros volumes ne suffisent pas à le préciser. Et pourtant une puissance vraiment magique s'attache à leurs brèves syllabes, comme si elles contenaient la solution de tous les problèmes. Ils synthétisent des aspirations inconscientes variées et l'espoir de leur réalisation.

La raison et les arguments ne sauraient lutter contre certains mots et certaines formules. On les prononce avec recueillement devant les foules ; et, tout aussitôt, les visages deviennent respectueux et les fronts s'inclinent. Beaucoup les considèrent comme des forces de la nature, des puissances surnaturelles. Ils évoquent dans les âmes des images grandioses et vagues, mais le vague même qui les estompe augmente leur mystérieuse puissance. On peut les comparer à ces divinités redoutables cachées derrière le tabernacle et dont le dévot n'approche qu'en tremblant.

Les images évoquées par les mots étant indépendantes de leur sens, varient d'âge en âge, de peuple à peuple, sous l'identité des formules. À certains mots s'attachent transitoirement certaines images : le mot n'est que le bouton d'appel qui les fait apparaître.

Tous les mots et toutes les formules ne possèdent pas la puissance d'évoquer des images ; et, il en est qui, après en avoir évoqué, s'usent et ne réveillent plus rien dans l'esprit. Ils deviennent alors de vains sons, dont l'utilité principale est de dispenser celui qui les emploie de l'obligation de penser. Avec un petit stock de formules et de lieux communs appris dans la jeunesse, nous possédons tout ce qu'il faut pour traverser la vie sans la fatigante nécessité d'avoir à réfléchir.

Si l'on considère une langue déterminée, on voit que les mots dont elle se compose se modifient assez lentement dans le cours des âges ; mais sans cesse, changent les images qu'ils évoquent ou le sens qu'on y attache. Et c'est pourquoi je suis arrivé, dans un autre ouvrage, à cette conclusion que la traduction exacte d'une langue, surtout quand il s'agit de peuples morts, est totalement impossible. Que faisons-nous, en réalité, en substituant un terme français à un terme latin, grec ou sanscrit, ou même quand nous cherchons à comprendre un livre écrit dans notre propre langue il y a quelques siècles ? Nous substituons simplement les images et les idées que la vie moderne a suscitées dans notre intelligence, aux notions et aux images absolument différentes que la vie ancienne avait fait naître dans l'âme de races soumises à des conditions d'existence sans analogie avec les nôtres. Les hommes de la Révolution, s'imaginant copier les Grecs et les Romains, ne faisaient que donner à des mots anciens un sens qu'ils n'eurent jamais. Quelle ressemblance pouvait exister entre les institutions des Grecs et celles que désignent de nos jours les mots correspondants ? Qu'était alors une république, sinon une institution essentiellement aristocratique formée d'une réunion de petits despotes dominant une foule d'esclaves maintenus dans la plus absolue sujétion. Ces aristocraties communales, basées sur l'esclavage, n'auraient pu exister un instant sans lui.

Et le mot liberté, que pouvait-il signifier de semblable à ce que nous comprenons aujourd'hui, à une époque où la liberté de penser n'était même pas soupçonnée, et où il n'y avait pas de forfait plus grand et d'ailleurs plus rare que de discuter les dieux, les lois et les coutumes de la cité ? Le mot patrie, dans l'âme d'un Athénien ou d'un Spartiate, signifiait le culte d'Athènes ou de Sparte, et nullement celui de Grèce, composée de cités rivales et toujours en guerre. Le même mot de patrie, quel sens avait-il chez les anciens Gaulois divisés en tribus rivales, de races, de langues et de religions différentes, que vainquit si facilement César parce qu'il eut toujours parmi elles des alliées. Rome seule dota la Gaule d'une patrie en lui donnant l'unité politique et religieuse. Sans même remonter si loin, et en reculant de deux siècles à peine, croit-on que le même mot de patrie était conçu comme aujourd'hui par des princes français, tels que le grand Condé, s'alliant à l'étranger contre leur souverain ? Et le même mot encore n'avait-il pas un sens bien différent du sens moderne pour les émigrés, s'imaginant obéir aux lois de l'honneur en combattant la France, et y obéissant en effet à leur point de vue, puisque la loi féodale liait le vassal au seigneur et non à la terre, et que là où commandait le souverain, là était la vraie patrie.

Nombreux sont les mots dont le sens a ainsi profondément changé d'âge en âge. Nous ne pouvons arriver à les comprendre comme ils l'étaient jadis qu'après un long effort. Beaucoup de lecture est nécessaire, on l'a dit avec raison, pour arriver seulement à concevoir ce que signifiaient aux yeux de nos arrière-grands-pères des mots tels que le roi et la famille royale. Qu'est-ce alors pour des termes plus complexes ?

Les mots n'ont donc que des significations mobiles et transitoires, changeantes d'âge en âge et de peuple à peuple. Quand nous voulons agir par eux sur la foule, il faut savoir le sens qu'ils ont pour elle à un moment donné, et non celui qu'ils eurent jadis ou peuvent avoir pour des individus de constitution mentale différente. Les mots vivent comme les idées.

Aussi, quand les foules, à la suite de bouleversements politiques, de changements de croyances, finissent par professer une antipathie profonde pour les images évoquées par certains mots, le premier devoir du véritable homme d'État est de changer ces mots sans, bien entendu, toucher aux choses en elles-mêmes. Ces dernières sont trop liées à une constitution héréditaire pour pouvoir être transformées. Le judicieux Tocqueville fait remarquer que le travail du Consulat et de l'Empire consista surtout à habiller de mots nouveaux la plupart des institutions du passé, à remplacer par conséquent des mots évoquant de fâcheuses images dans l'imagination par d'autres dont la nouveauté empêchait de pareilles évocations. La taille est devenue contribution foncière ; la gabelle, l'impôt du sel ; les aides, contributions indirectes et droit réunis ; la taxe des maîtrises et jurandes s'est appelée patente, etc.

Une des fonctions les plus essentielles des hommes d'État consiste donc à baptiser de mots populaires, ou au moins neutres, les choses détestées des foules sous leurs anciens noms. La puissance des mots est si grande qu'il suffit de termes bien choisis pour faire accepter les choses les plus odieuses. Taine remarque justement que c'est en invoquant la liberté et là fraternité, mots très populaires alors, que les Jacobins ont pu « installer un despotisme digne du Dahomey, un tribunal pareil à celui de l'Inquisition, des hécatombes humaines semblables à celles de l'ancien Mexique ». L'art des gouvernants, comme celui des avocats, consiste principalement à savoir manier les mots. Art difficile, car, dans une même société, les mêmes mots ont le plus souvent des sens différents pour les diverses couches sociales. Elles emploient en apparence les mêmes mots ; mais ne parlent pas la même langue.

Dans les exemples qui précèdent nous avons fait intervenir le temps comme principal facteur du changement de sens des mots. Si nous faisions intervenir aussi la race, nous verrions alors qu'à une même époque, chez des peuples également civilisés mais de races diverses, les mots identiques correspondent fort souvent à des idées extrêmement dissemblables. Ces différences ne peuvent se comprendre sans de nombreux voyages, je ne saurais donc insister sur elles, me bornant à faire remarquer que ce sont précisément les mots les plus employés qui, d'un peuple à l'autre, possèdent les sens les plus différents. Tels, par exemple, les mots démocratie et socialisme, d'un usage si fréquent aujourd'hui.

Ils correspondent, en réalité, à des idées et des images complètement opposées dans les âmes latines et dans les âmes anglo-saxonnes. Chez les Latins, le mot démocratie signifie surtout effacement de la volonté et de l'initiative de l'individu devant celles de l'État. Ce dernier est chargé de plus en plus de diriger, de centraliser, de monopoliser et de fabriquer. C'est à lui que tous les partis sans exception, radicaux, socialistes ou monarchistes, font constamment appel. Chez l'Anglo-Saxon, celui d'Amérique notamment, le même mot démocratie signifie au contraire développement intense de la volonté de l'individu, effacement de l'État, auquel en dehors de la police, de l'armée et des relations diplomatiques, on ne laisse rien diriger, pas même l'instruction. Le même mot possède donc chez ces deux peuples des sens absolument contraires[1].

_______________________

[1] Dans *Les lois psychologiques de l'évolution des peuples,* j'ai longuement insisté sur la différence qui sépare l'idéal démocratique latin de l'idéal démocratique anglo-saxon.

## 2. *Les illusions*

Depuis l'aurore des civilisations, les peuples ont toujours subi l'influence des illusions. C'est aux créateurs d'illusions qu'elles ont élevé le plus de temples, de statues et d'autels. Illusions religieuses jadis, illusions philosophiques et sociales aujourd'hui, on retrouve ces formidables souveraines à la tête de toutes les civilisations qui ont successivement fleuri sur notre planète. C'est en leur nom qu'ont été édifiés les temples de la Chaldée et de l'Égypte, les monuments religieux du Moyen Âge et que l'Europe entière a été bouleversée il y a un siècle. Pas une de nos conceptions artistiques, politiques ou sociales qui ne porte leur puissante empreinte. L'homme les renverse parfois, au prix de convulsions effroyables, mais il semble condamné à les relever toujours. Sans elles il n'aurait pu sortir de la barbarie primitive, et sans elles encore il y retomberait bientôt. Ce sont des ombres vaines, sans doute ; mais ces filles de nos rêves ont incité les peuples à créer tout ce qui fait la splendeur des arts et la grandeur des civilisations.

« Si l'on détruisait, dans les musées et les bibliothèques et que l'on fît écrouler, sur les dalles des parvis, toutes les œuvres et tous les monuments d'art qu'ont inspirés les religions, que resterait-il des grands rêves humains ? écrit un auteur qui résume nos doctrines. Donner aux hommes la part d'espoir et d'illusions sans laquelle ils ne peuvent exister, telle est la raison d'être des dieux, des héros et des poètes. Pendant quelque temps, la science parut assumer cette tâche. Mais ce qui l'a compromise dans les cœurs affamés d'idéal, c'est qu'elle n'ose plus assez promettre et qu'elle ne sait pas assez mentir. »

Les philosophes du dernier siècle se sont consacrés avec ferveur à détruire les illusions religieuses, politiques et sociales, dont pendant de longs siècles, avaient vécu nos pères. En les détruisant, ils ont tari les sources de l'espérance et de la résignation. Derrière les chimères immolées, ils ont trouvé les forces aveugles de la nature, inexorables pour la faiblesse et ne connaissant pas la pitié.

Avec tous ses progrès, la philosophie n'a pu encore offrir aux peuples aucun idéal capable de les charmer. Les illusions leur étant indispensables, ils se dirigent d'instinct, comme l'insecte allant à la lumière, vers les rhéteurs qui leur en présentent. Le grand facteur de l'évolution des peuples n'a jamais été la vérité, mais l'erreur. Et

si le socialisme voit croître aujourd'hui sa puissance, c'est qu'il constitue la seule illusion vivante encore. Les démonstrations scientifiques n'entravent nullement sa marche progressive. Sa principale
force est d'être défendu par des esprits ignorant assez les réalités
des choses pour oser promettre hardiment à l'homme le bonheur.
L'illusion sociale règne actuellement sur toutes les ruines amoncelées du passé, et l'avenir lui appartient. Les foules n'ont jamais eu
soif de vérités. Devant les évidences qui leur déplaisent, elles se détournent, préférant déifier l'erreur, si l'erreur les séduit. Qui sait les
illusionner est aisément leur maître ; qui tente de les désillusionner
est toujours leur victime.

### 3. L'expérience

L'expérience constitue à peu près le seul procédé efficace pour
établir solidement une vérité dans l'âme des foules, et détruire des
illusions devenues trop dangereuses. Encore doit-elle être réalisée
sur une très large échelle et fort souvent répétée. Les expériences
faites par une génération sont généralement inutiles pour la suivante : et c'est pourquoi les événements historiques invoqués comme
éléments de démonstration ne sauraient servir. Leur seule utilité
est de prouver à quel point les expériences doivent être répétées
d'âge en âge pour exercer quelque influence, et réussir à ébranler
une erreur solidement implantée.

Notre siècle, et celui qui l'a précédé, seront cités sans doute par
les historiens de l'avenir comme une ère de curieuses expériences. À
aucun âge, il n'en avait été tenté autant.

La plus gigantesque fut la Révolution française. Pour découvrir
qu'on ne refait pas une société de toutes pièces sur les indications de
la raison pure, il fallut massacrer plusieurs millions d'hommes et
bouleverser l'Europe entière pendant vingt ans. Pour prouver expérimentalement que les Césars coûtent cher aux peuples qui les acclament, deux ruineuses expériences furent nécessaires pendant
cinquante ans, et malgré leur clarté, elles ne semblent pas avoir été
suffisamment convaincantes. La première coûta pourtant trois millions d'hommes et une invasion, la seconde un démembrement et la
nécessité des armées permanentes. Une troisième faillit être tentée
voici quelques années et le sera sûrement encore. Pour faire admettre que l'immense armée allemande n'était pas, comme on l'en-

seignait avant 1870, une sorte de garde nationale inoffensive[1], il a fallu l'effroyable guerre qui nous a coûté si cher. Pour reconnaître que le protectionnisme ruine finalement les peuples qui l'acceptent, de désastreuses expériences seront nécessaires. On pourrait multiplier indéfiniment ces exemples.

## 4. La raison

Dans l'énumération des facteurs capables d'impressionner l'âme des foules, nous pourrions nous dispenser de mentionner la raison, s'il n'était nécessaire d'indiquer la valeur négative de son influence.

Nous avons déjà montré que les foules ne sont pas influençables par des raisonnements, et ne comprennent que de grossières associations d'idées. Aussi est-ce à leurs sentiments et jamais à leur raison que font appel les orateurs qui savent les impressionner. Les lois de la logique rationnelle n'ont aucune action sur elles[2]. Pour vaincre

---

[1] L'opinion était formée, dans ce cas, par les associations grossières de choses dissemblables dont j'ai précédemment exposé le mécanisme. Notre garde nationale d'alors, étant composée de pacifiques boutiquiers sans trace de discipline, et ne pouvant être prise au sérieux, tout ce qui portait un nom analogue éveillait les mêmes images, et était considéré par conséquent comme aussi inoffensif. L'erreur des foules était partagée alors, ainsi que cela arrive si souvent pour les opinions générales, par leurs meneurs. Dans un discours prononcé le 31 décembre 1867 à la Chambre des Députés, un homme d'État qui a bien souvent suivi l'opinion des foules, M. Thiers, répétait que la Prusse, en dehors d'une armée active à peu près égale en nombre à la nôtre, ne possédait qu'une garde nationale analogue à celle que nous possédions et, par conséquent, sans importance. Assertions aussi exactes que les célèbres prévisions du même homme d'État sur le peu d'avenir des chemins de fer.

[2] Mes premières observations sur l'art d'impressionner les foules et les faibles ressources qu'offrent à ce point de vue les règles de la logique datent du siège de Paris, le jour où je vis conduire au Louvre, où était alors le gouvernement, le maréchal V.... qu'une foule furieuse prétendait avoir surpris levant le plan des fortifications pour le vendre aux Prussiens. Un membre du gouvernement, G. P.... orateur célèbre, sortit pour haranguer la foule qui réclamait l'exécution immédiate du prisonnier. Je m'attendais à ce que l'orateur démontrât l'absurdité de l'accusation, en disant que le maréchal accusé était précisément un des constructeurs de ces fortifications dont le plan se vendait d'ailleurs chez tous les libraires. À ma grande stupéfaction - j'étais fort jeune alors -le discours fut tout autre. « Justice sera faite, cria l'orateur en s'avançant vers le prisonnier, et une justice impitoyable. Laissez le gouvernement de la Défense nationale terminer votre enquête. Nous allons, en attendant, enfermer l'accusé. » Calmée aussitôt par cette satisfaction apparente, la foule s'écoula, et au bout d'un quart d'heure, le maréchal put regagner son domicile. Il eût été infailliblement écharpé si son avocat eût tenu à la foule en fureur les raisonnements logiques que ma grande jeunesse me faisait trouver convaincants.

les foules, il faut d'abord se rendre bien compte des sentiments dont elles sont animées, feindre de les partager, puis tenter de les modifier, en provoquant au moyen d'associations rudimentaires, certaines images suggestives ; savoir revenir au besoin sur ses pas, deviner surtout à chaque instant les sentiments qu'on fait naître. Cette nécessité de varier son langage suivant l'effet produit au moment où l'on parle, frappe d'avance d'impuissance tout discours étudié et préparé. L'orateur suivant sa pensée et non celle de ses auditeurs, perd par ce seul fait toute influence.

Les esprits logiques, habitués aux chaînes de raisonnement un peu serrées, ne peuvent s'empêcher d'avoir recours à ce mode de persuasion quand ils s'adressent aux foules, et le manque d'effet de leurs arguments les surprend toujours. « Les conséquences mathématiques usuelles fondées sur le syllogisme, c'est-à-dire sur des associations d'identités, écrit un logicien, sont nécessaires... La nécessité forcerait l'assentiment même d'une masse inorganique si celle-ci était capable de suivre des associations d'identités. » Sans doute ; mais la foule n'est pas plus apte que la masse inorganique à les suivre, ni même à les entendre. Essayez de convaincre par un raisonnement des esprits primitifs, sauvages ou enfants, par exemple, et vous vous rendrez compte de la faible valeur que possède ce mode d'argumentation.

Il n'est même pas besoin de descendre jusqu'aux êtres primitifs pour constater la complète impuissance des raisonnements quand ils ont à lutter contre des sentiments. Rappelons-nous simplement combien ont été tenaces pendant de longs siècles des superstitions religieuses, contraires à la plus simple logique. Durant près de deux mille ans, les plus lumineux génies ont été courbés sous leurs lois, et il fallut arriver aux temps modernes pour que leur véracité ait pu seulement être contestée. Le Moyen Âge et la Renaissance possédèrent bien des hommes éclairés ; ils n'en ont pas possédé un seul auquel le raisonnement ait montré les côtés enfantins de ces superstitions, et fait naître un faible doute sur les méfaits du diable ou la nécessité de brûler les sorciers.

Faut-il regretter que la raison ne soit pas le guide des foules ? Nous n'oserions le dire. La raison humaine n'eût pas réussi sans doute à entraîner l'humanité dans les voies de la civilisation avec l'ardeur et la hardiesse dont l'ont soulevée ses chimères. Filles de l'inconscient qui nous mène, ces chimères étaient probablement nécessaires. Chaque race porte dans sa constitution mentale les lois de ses destinées, et peut-être obéit-elle à ces lois par un inéluctable instinct, même dans ses impulsions en apparence les plus irraisonnées.

Il semble parfois que les peuples soient soumis à des forces secrètes analogues à celles qui obligent le gland à se transformer en chêne ou la comète à suivre son orbite.

Le peu que nous pouvons pressentir de ces forces doit être cherché dans la marche générale de l'évolution d'un peuple et non dans les faits isolés d'où cette évolution semble parfois surgir. Si l'on ne considérait que ces faits isolés, l'histoire semblerait régie par d'absurdes hasards. Il était invraisemblable qu'un ignorant charpentier de Galilée pût devenir pendant deux mille ans un Dieu tout-puissant, au nom duquel furent fondées les plus importantes civilisations : invraisemblable aussi que quelques bandes d'Arabes sortis de leurs déserts pussent conquérir la plus grande partie du vieux monde gréco-romain, et fonder un empire plus grand que celui d'Alexandre ; invraisemblable encore que, dans une Europe très vieille et très hiérarchisée, un simple lieutenant d'artillerie réussît à régner sur une foule de peuples et de rois.

Laissons donc la raison aux philosophes, mais ne lui demandons pas trop d'intervenir dans le gouvernement des hommes. Ce n'est pas avec la raison, et c'est souvent malgré elle, que se sont créés des sentiments tels que l'honneur, l'abnégation, la foi religieuse, l'amour de la gloire et de la patrie, qui ont été jusqu'ici les grands ressorts de toutes les civilisations.

# Chapitre III

# Les meneurs des foules
# et leurs moyens de persuasions

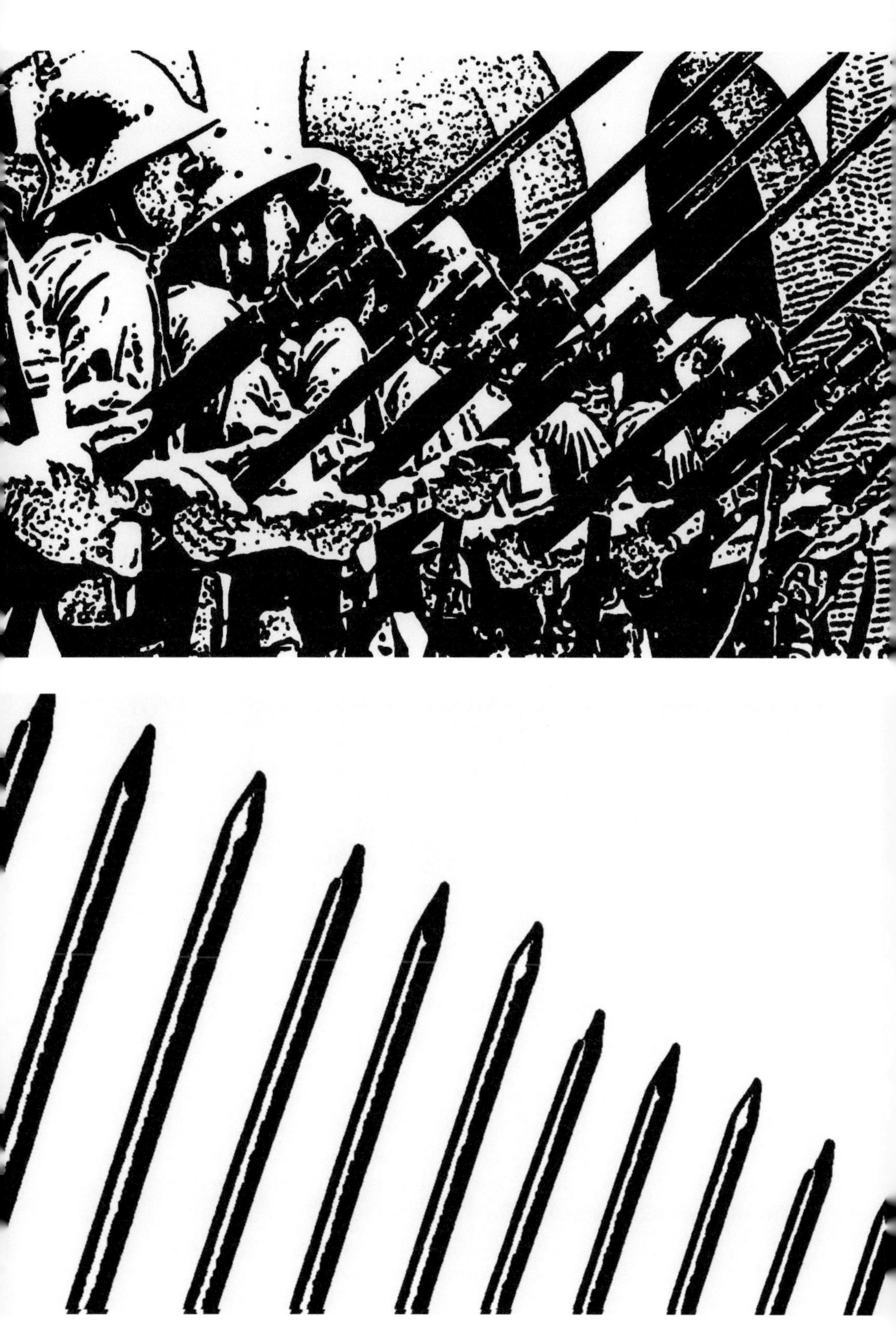

La constitution mentale des foules nous est maintenant connue, et nous savons aussi quels mobiles impressionnent leur âme. Il nous reste à rechercher comment doivent être appliqués ces mobiles, et par qui ils peuvent être utilement mis en œuvre.

## 1. Les meneurs des foules

Dès qu'un certain nombre d'êtres vivants sont réunis, qu'il s'agisse d'un troupeau d'animaux ou d'une foule d'hommes, ils se placent d'instinct sous l'autorité d'un chef, c'est-à-dire d'un meneur.

Dans les foules humaines, le meneur joue un rôle considérable. Sa volonté est le noyau autour duquel se forment et s'identifient les opinions. La foule est un troupeau qui ne saurait se passer de maître.

Le meneur a d'abord été le plus souvent un mené hypnotisé par l'idée dont il est ensuite devenu l'apôtre. Elle l'a envahi au point que tout disparaît en dehors d'elle, et que toute opinion contraire lui paraît erreur et superstition. Tel Robespierre, hypnotisé par ses chimériques idées, et employant les procédés de l'Inquisition pour les propager.

Les meneurs ne sont pas, le plus souvent, des hommes de pensée, mais d'action. Ils sont peu clairvoyants, et ne pourraient l'être, la clairvoyance conduisant généralement au doute et à l'inaction. Ils se recrutent surtout parmi ces névrosés, ces excités, ces demi-aliénés qui côtoient les bords de la folie. Si absurde que soit l'idée qu'ils défendent ou le but qu'ils poursuivent, tout raisonnement s'émousse contre leur conviction. Le mépris et les persécutions ne font que les exciter davantage. Intérêt personnel, famille, tout est sacrifié. L'instinct de la conservation lui-même s'annule chez eux, au point que la seule récompense qu'ils sollicitent souvent est le martyre. L'intensité de la foi confère à leurs paroles une grande puissance suggestive. La multitude écoute toujours l'homme doué de volonté forte. Les individus réunis en foule perdant toute volonté se tournent d'instinct vers qui en possède une.

De meneurs, les peuples n'ont jamais manqué : mais tous ne possèdent pas, il s'en faut, les convictions fortes qui font les apôtres. Ce sont souvent des rhéteurs subtils, ne poursuivant que leurs intérêts personnels et cherchant à persuader en flattant de bas instincts. L'influence qu'ils exercent ainsi reste toujours éphémère. Les grands convaincus qui soulèvent l'âme des foules, les Pierre l'Ermite, les Luther, les Savonarole, les hommes de la Révolution, n'ont exercé de fascination qu'après avoir été d'abord subjugués eux-mêmes par une croyance. Ils purent alors créer dans les âmes cette puissance formidable nommée la foi, qui rend l'homme esclave absolu de son rêve.

Créer la foi, qu'il s'agisse de foi religieuse, politique ou sociale, de foi en une œuvre, en une personne, en une idée, tel est surtout le rôle des grands meneurs. De toutes les forces dont l'humanité dispose, la foi a toujours été une des plus considérables, et c'est avec raison que l'Évangile lui attribue le pouvoir de soulever les montagnes. Doter l'homme d'une foi, c'est décupler sa force. Les grands événements de l'histoire furent souvent réalisés par d'obscurs croyants n'ayant que leur foi pour eux. Ce n'est pas avec des lettrés et des philosophes, ni surtout avec des sceptiques, qu'ont été édifiées les religions qui ont gouverné le monde, et les vastes empires étendus d'un hémisphère à l'autre.

Mais, de tels exemples s'appliquent aux grands meneurs, et ces derniers sont assez rares pour que l'histoire en puisse aisément marquer le nombre. Ils forment le sommet d'une série continue, descendant du puissant manieur d'hommes à l'ouvrier qui, dans une auberge fumeuse, fascine lentement ses camarades en remâchant sans cesse quelques formules qu'il ne comprend guère, mais dont, selon lui, l'application doit amener la sûre réalisation de tous les rêves et de toutes les espérances.

Dans chaque sphère sociale, de la plus haute à la plus basse, dès que l'homme n'est plus isolé, il tombe bientôt sous la loi d'un meneur. La plupart des individus, dans les masses populaires surtout, ne possédant, en dehors de leur spécialité, aucune idée nette et raisonnée, sont incapables de se conduire. Le meneur leur sert de guide. Il peut être remplacé à la rigueur, mais très insuffisamment, par ces publications périodiques qui fabriquent des opinions pour leurs lecteurs et leur procurent des phrases toutes faites les dispensant de réfléchir.

L'autorité des meneurs est très despotique, et n'arrive même à s'imposer qu'en raison de ce despotisme. On a remarqué combien facilement ils se font obéir sans posséder cependant aucun moyen d'appuyer leur autorité, dans les couches ouvrières les plus turbulentes. Ils fixent les heures de travail, le taux des salaires, décident les grèves, les font commencer et cesser à heure fixe.

Les meneurs tendent aujourd'hui à remplacer progressivement les Pouvoirs publics à mesure que ces derniers se laissent discuter et affaiblir. Grâce à leur tyrannie, ces nouveaux maîtres obtiennent des foules une docilité beaucoup plus complète que n'en obtint aucun gouvernement. Si, par suite d'un accident quelconque, le meneur disparaît et n'est pas immédiatement remplacé, la foule redevient une collectivité sans cohésion ni résistance. Pendant une grève des employés d'omnibus à Paris, il a suffi d'arrêter les deux meneurs qui la dirigeaient pour la faire aussitôt cesser. Ce n'est pas le besoin de la liberté, mais celui de la servitude qui domine toujours l'âme des foules. Leur soif d'obéissance les fait se soumettre d'instinct à qui se déclare leur maître.

On peut établir une division assez tranchée dans la classe des meneurs. Les uns sont des hommes énergiques, à volonté forte, mais momentanée ; les autres, beaucoup plus rares, possèdent une volonté à la fois forte et durable. Les premiers se montrent violents, braves, hardis. Ils sont utiles surtout pour diriger un coup de main, entraîner les masses malgré le danger, et transformer en héros les recrues de la veille. Tels, par exemple, Ney et Murat, sous le premier Empire. Tel encore de nos jours, Garibaldi, aventurier sans talent, mais énergique, réussissant avec une poignée d'hommes, à s'emparer de l'ancien royaume de Naples défendu pourtant par une armée disciplinée.

Mais si l'énergie de pareils meneurs est puissante, elle est momentanée et ne survit guère à l'excitant qui l'a fait naître. Rentrés dans le courant de la vie ordinaire, les héros qui en étaient animés font souvent preuve, comme ceux que je citais à l'instant, d'une étonnante faiblesse. Ils semblent incapables de réfléchir et de se conduire dans les circonstances les plus simples, après avoir si bien su conduire les autres. Ces meneurs ne peuvent exercer leur fonction qu'à la condition d'être menés eux-mêmes et excités sans cesse, de sentir toujours au-dessus d'eux un homme ou une idée, de suivre une ligne de conduite bien tracée.

La seconde catégorie des meneurs, celle des hommes à volonté durable, exerce, malgré des formes moins brillantes, une influence beaucoup plus considérable. En elle, on trouve les vrais fondateurs de religions ou de grandes œuvres : saint Paul, Mahomet, Christophe Colomb, Lesseps. Intelligents ou bornés, peu importe, le monde sera toujours à eux. La volonté persistante qu'ils possèdent est une faculté infiniment rare et infiniment puissante qui fait tout plier. On ne se rend pas toujours suffisamment compte de ce que peut une volonté forte et continue. Rien ne lui résiste, ni la nature, ni les dieux, ni les hommes.

Le plus récent exemple nous en est donné par l'ingénieur illustre qui sépara deux mondes et réalisa la tâche inutilement tentée depuis trois mille ans par tant de grands souverains. Il échoua plus tard dans une entreprise identique : mais la vieillesse était venue, et tout s'éteint devant elle, même la volonté.

Pour démontrer le pouvoir de la volonté, il suffirait de présenter dans ses détails l'histoire des difficultés surmontées au moment de la création du canal de Suez. Un témoin oculaire, le Dr Cazalis, a résumé en quelques lignes saisissantes, la synthèse de cette grande œuvre narrée par son immortel auteur. « Et il contait, de jour en jour, par épisodes, l'épopée du canal. Il contait tout ce qu'il avait dû vaincre, tout l'impossible qu'il avait fait possible, toutes les résistances, les coalitions contre lui, et les déboires, les revers, les défaites, mais qui n'avaient pu jamais le décourager ni l'abattre ; il rappelait l'Angleterre, le combattant, l'attaquant sans relâche, et l'Égypte et la France hésitante, et le consul de France s'opposant plus que tout autre aux premiers travaux, et comme on lui résistait, prenant les ouvriers par la soif, leur refusant l'eau douce ; et le ministère de la Marine et les ingénieurs, tous les hommes sérieux, d'expérience et de science, tous naturellement hostiles, et tous scientifiquement assurés du désastre, le calculant et le promettant comme pour tel jour ou telle heure on promet l'éclipse. »

Le livre qui raconterait la vie de tous ces grands meneurs contiendrait peu de noms ; mais ces noms ont été à la tête des événements les plus importants de la civilisation et de l'histoire


## 2. Les moyens d'action des meneurs : l'affirmation, la répétition, la contagion

Lorsqu'il s'agit d'entraîner une foule pour un instant et de la déterminer à commettre un acte quelconque : piller un palais, se faire massacrer pour défendre une barricade, il faut agir sur elle par des suggestions rapides. La plus énergique est encore l'exemple. Il est alors nécessaire que la foule soit déjà préparée par certaines circonstances, et que celui qui veut l'entraîner possède la qualité que j'étudierai plus loin sous le nom de prestige.

Quand il s'agit de faire pénétrer lentement des idées et des croyances dans l'esprit des foules -les théories sociales modernes, par exemple - les méthodes des meneurs sont différentes. Ils ont principalement recours aux trois procédés suivants : l'affirmation, la répétition, la contagion. L'action en est assez lente, mais les effets durables.

L'affirmation pure et simple, dégagée de tout raisonnement et de toute preuve, constitue un sûr moyen de faire pénétrer une idée dans l'esprit des foules. Plus l'affirmation est concise, dépourvue de preuves et de démonstration, plus elle a d'autorité. Les livres religieux et les codes de tous les âges ont toujours procédé par simple affirmation. Les hommes d'État appelés à défendre une cause politique quelconque, les industriels propageant leurs produits par l'annonce, connaissent la valeur de l'affirmation.

Cette dernière n'acquiert cependant d'influence réelle qu'à la condition d'être constamment répétée, et le plus possible, dans les mêmes termes, Napoléon disait qu'il n'existe qu'une seule figure sérieuse de rhétorique, la répétition. La chose affirmée arrive, par la répétition, à s'établir dans les esprits au point d'être acceptée comme une vérité démontrée.

On comprend bien l'influence de la répétition sur les foules, en voyant quel pouvoir elle exerce sur les esprits les plus éclairés. La chose répétée finit, en effet, par s'incruster dans ces régions profondes de l'inconscient où s'élaborent les motifs de nos actions. Au bout de quelque temps, oubliant quel est l'auteur de l'assertion répétée, nous finissons par y croire. Ainsi s'explique la force étonnante de l'annonce. Quand nous avons lu cent fois que le meilleur chocolat est le chocolat X.... nous nous imaginons l'avoir entendu dire fréquemment et nous finissons par en avoir la certitude. Persuadés par mille attestations que la farine Y... a guéri les plus grands personnages des maladies les plus tenaces, nous finissons par être tentés de l'essayer le jour où nous sommes atteints d'une maladie du même genre. À force de voir répéter dans le même journal que A... est un parfait gredin et B... un très honnête homme, nous arrivons à en être convaincus, pourvu, bien entendu, que nous ne lisions pas souvent un autre journal d'opinion contraire, où les deux qualificatifs soient inversés. L'affirmation et la répétition sont seules assez puissantes pour pouvoir se combattre.

Lorsqu'une affirmation a été suffisamment répétée, avec unanimité dans la répétition, comme cela arrive pour certaines entreprises financières achetant tous les concours, il se forme ce qu'on appelle un courant d'opinion et le puissant mécanisme de la contagion intervient. Dans les foules, les idées, les sentiments, les émotions, les croyances possèdent un pouvoir contagieux aussi intense que celui des microbes. Ce phénomène s'observe chez les animaux eux-mêmes dès qu'ils sont en foule. Le tic d'un cheval dans une écurie est bientôt imité par les autres chevaux de la même écurie. Une frayeur, un mouvement désordonné de quelques moutons s'étend bientôt à tout le troupeau. La contagion des émotions explique la soudaineté des paniques. Les désordres cérébraux, comme la folie, se propagent aussi par la contagion. On sait combien est fréquente l'aliénation chez les médecins aliénistes. On cite même des formes de folie, l'agoraphobie, par exemple, communiquées de l'homme aux animaux.

La contagion n'exige pas la présence simultanée d'individus sur un seul point ; elle peut se faire à distance sous l'influence de certains événements orientant les esprits dans le même sens et leur donnant les caractères spéciaux aux foules, surtout quand ils sont préparés par les facteurs lointains que j'ai étudiés plus haut. Ainsi, par exemple, l'explosion révolutionnaire de 1848, partie de Paris, s'étendit brusquement à une grande partie de l'Europe et ébranla plusieurs monarchies[1].

L'imitation, à laquelle on attribue tant d'influence dans les phénomènes sociaux, n'est en réalité qu'un simple effet de la contagion. Ayant montré ailleurs son rôle, je me bornerai à reproduire ce que j'en disais il y a longtemps et qui, depuis, a été développé par d'autres écrivains :

« Semblable aux animaux, l'homme est naturellement imitatif. L'imitation constitue un besoin pour lui, à condition, bien entendu, que cette imitation soit facile, c'est de ce besoin que naît l'influence de la mode. Qu'il s'agisse d'opinions, d'idées, de manifestations littéraires, ou simplement de costumes, combien osent se soustraire à son empire ? Avec des modèles, on guide les foules, non pas avec des arguments. À chaque époque, un petit nombre d'individualités impriment leur action que la masse inconsciente imite. Ces individualités ne doivent pas cependant s'écarter beaucoup des idées reçues. Les imiter deviendrait alors trop difficile et leur influence serait nulle. C'est précisément pour cette raison que les hommes trop supérieurs à leur époque n'ont généralement aucune influence sur elle. L'écart est trop grand. C'est pour la même raison encore que les Eu-

---

[1] Voir mes derniers ouvrages : Psychologie politique, Les opinions et croyances, Révolution française.

ropéens, avec tous les avantages de leur civilisation, exercent une influence insignifiante sur les peuples de l'Orient.

« La double action du passé et de l'imitation réciproque finit par rendre tous les hommes d'un même pays et d'une même époque à ce point semblables, que même chez ceux qui sembleraient devoir le plus s'y soustraire, philosophes, savants et littérateurs, la pensée et le style ont un air de famille qui fait immédiatement reconnaître le temps auquel ils appartiennent. Un instant de conversation avec un individu quelconque suffit pour connaître à fond ses lectures, ses occupations habituelles et le milieu où il vit »[1].

La contagion est assez puissante pour imposer aux hommes non seulement certaines opinions mais encore certaines façons de sentir. C'est elle qui fait mépriser à une époque telle œuvre, le *Tannhauser,* par exemple, et qui, quelques années plus tard, la fait admirer par ceux-là même qui l'avaient le plus dénigrée.

Par le mécanisme de la contagion et très peu par celui du raisonnement, se propagent les opinions et les croyances. C'est au cabaret, par affirmation, répétition et contagion que s'établissent les conceptions actuelles des ouvriers. Les croyances des foules de tous les âges ne se sont guère créées autrement. Renan compare avec justesse les premiers fondateurs du christianisme « aux ouvriers socialistes répandant leurs idées de cabaret en cabaret » ; et Voltaire avait déjà fait observer à propos de la religion chrétienne que « la plus vile canaille l'avait seule embrassée pendant plus de cent ans ».

Dans les exemples analogues à ceux que je viens de citer, la contagion, après s'être exercée dans les couches populaires, passe ensuite aux couches supérieures de la société. C'est ainsi que, de nos jours, les doctrines socialistes commencent à gagner ceux qui en seraient pourtant les premières victimes. Devant le mécanisme de la contagion, l'intérêt personnel lui-même s'évanouit.

Et c'est pourquoi toute opinion devenue populaire finit par s'imposer aux couches sociales élevées, si visible que puisse être l'absurdité de l'opinion triomphante. Cette réaction des couches sociales inférieures sur les couches supérieures est d'autant plus curieuse que les croyances de la foule dérivent toujours plus ou moins de quelque idée supérieure restée souvent sans influence dans le milieu où elle avait pris naissance. Cette idée supérieure, les meneurs subjugués par elle s'en emparent, la déforment et créent une secte qui la déforme de nouveau, puis la répand de plus en plus déformée dans les foules. Devenue vérité populaire, elle remonte en quelque sorte à sa

---

[1]Gustave LE BON, L'homme et les sociétés, t. II, p. 116, 1881.

source et agit alors sur les couches élevées d'une nation. C'est en définitive l'intelligence qui guide le monde, mais elle le guide vraiment de fort loin. Les philosophes créateurs d'idées sont depuis longtemps retournés à la poussière, lorsque, par l'effet du mécanisme que je viens de décrire, leur pensée finit par triompher.

### 3. Le prestige

Si les opinions propagées par l'affirmation, la répétition et la contagion, possèdent une grande puissance, c'est qu'elles finissent par acquérir ce pouvoir mystérieux nommé prestige.

Tout ce qui a dominé dans le monde, les idées ou les hommes, s'est imposé principalement par la force irrésistible qu'exprime le mot prestige. Nous saisissons tous le sens de ce terme, mais on l'applique de façons trop diverses pour qu'il soit facile de le définir. Le prestige peut comporter certains sentiments tels que l'admiration et la crainte qui parfois même en sont la base, mais il peut parfaitement exister sans eux. Des êtres morts, et par conséquent que nous ne saurions craindre, Alexandre, César, Mahomet, Bouddha, possèdent un prestige considérable. D'un autre côté, certaines fictions que nous n'admirons pas, les divinités monstrueuses des temples souterrains de l'Inde, par exemple, nous paraissent pourtant revêtues d'un grand prestige.

Le prestige est en réalité une sorte de fascination qu'exerce sur notre esprit un individu, une œuvre ou une doctrine. Cette fascination paralyse toutes nos facultés critiques et remplit notre âme d'étonnement et de respect. Les sentiments alors provoqués sont inexplicables, comme tous les sentiments, mais probablement du même ordre que la suggestion subie par un sujet magnétisé. Le prestige est le plus puissant ressort de toute domination. Les dieux, les rois et les femmes n'auraient jamais régné sans lui.

On peut ramener à deux formes principales les diverses variétés de prestige : le prestige acquis et le prestige personnel.

Le prestige acquis est celui que confèrent le nom, la fortune, la réputation. Il peut être indépendant du prestige personnel. Le prestige personnel constitue, au contraire, quelque chose d'individuel coexistant parfois avec la réputation, la gloire, la fortune, ou renforcé par elles, mais parfaitement susceptible d'exister d'une façon indépendante.

Le prestige acquis, ou artificiel, est de beaucoup le plus répandu. Par le fait seul qu'un individu occupe une certaine position, possède une certaine fortune, est affublé de certains titres, il est auréolé de prestige, si nulle que puisse être sa valeur personnelle. Un militaire en uniforme, un magistrat en robe rouge ont toujours du prestige. Pascal avait très justement noté la nécessité, pour les juges, des robes et des perruques. Sans elles, ils perdraient une grande partie de leur autorité. Le socialiste le plus farouche est émotionné par la vue d'un prince ou d'un marquis ; et de tels titres suffisent pour escroquer à un commerçant tout ce qu'on veut[1].

Le prestige dont je viens de parler est exercé par les personnes ; on peut placer à côté celui qu'exercent les opinions, les œuvres littéraires ou artistiques, etc. Ce n'est souvent que de la répétition accumulée. L'histoire, l'histoire littéraire et artistique surtout, étant seulement la répétition des mêmes jugements que personne n'essaie de contrôler, chacun finit par répéter ce qu'il apprit à l'école. Il existe certains noms et certaines choses auxquels nul n'oserait toucher. Pour un lecteur moderne, l'œuvre d'Homère dégage un incontestable et immense ennui ; mais qui oserait le dire ? Le Parthénon, dans son état actuel, est une ruine assez dépourvue d'intérêt ; mais il possède un tel prestige qu'on ne le voit plus qu'avec tout son cortège de souvenirs historiques. Le propre du prestige est d'empêcher de voir les choses telles qu'elles sont et de paralyser nos jugements. Les foules toujours, les individus le plus souvent, ont besoin d'opinions toutes faites. Le succès de ces opinions est indépendant de la part de vérité ou d'erreurs qu'elles contiennent ; il réside uniquement dans leur prestige.

J'arrive maintenant au prestige personnel. D'une nature fort différente du prestige artificiel ou acquis, il constitue une faculté indépendante de tout titre, de toute autorité. Le petit nombre de personnes qui le possèdent exercent une fascination véritablement ma-

---

[1]Cette influence des titres, des rubans, des uniformes sur les foules se rencontre dans tous les pays, même lorsque le sentiment de l'indépendance personnelle y est très développé. Je reproduis à ce propos un passage curieux du livre d'un voyageur sur le prestige de certains personnages en Angleterre.

« En diverses rencontres, je m'étais aperçu de l'ivresse particulière à laquelle le contact ou la vue d'un pair d'Angleterre exposent les Anglais les plus raisonnables.

« Pourvu que son état soutienne son rang, ils l'aiment d'avance, et mis en présence supportent tout de lui avec enchantement. On les voit rougir de plaisir à son approche et, s'il leur parle, la joie qu'ils contiennent augmente cette rougeur et fait briller leurs yeux d'un éclat inaccoutumé. Ils ont le lord dans le sang, si l'on peut dire, comme l'Espagnol la danse, l'Allemand la musique et le Français la Révolution. Leur passion pour les chevaux de Shakespeare est moins violente, la satisfaction et l'orgueil qu'ils en tirent moins fondamentaux. Le Livre de la Pairie a un débit considérable et si loin qu'on aille, on le trouve, comme la Bible, entre toutes les mains. »

gnétique sur ceux qui les entourent, y compris leurs égaux, et on leur obéit comme la bête féroce obéit au dompteur qu'elle pourrait si facilement dévorer.

Les grands conducteurs d'hommes, Bouddha, Jésus, Mahomet, Jeanne d'Arc, Napoléon, possédèrent à un haut degré cette forme de prestige. C'est surtout par elle qu'ils se sont imposés. Les dieux, les héros et les dogmes s'imposent et ne se discutent pas : ils s'évanouissent même dès qu'on les discute.

Les personnages que je viens de citer possédaient leur puissance fascinatrice bien avant de devenir illustres, et ne le fussent pas devenus sans elle. Napoléon, au zénith de la gloire, exerçait, par le seul fait de sa puissance, un prestige immense ; mais ce prestige, il en était doué déjà en partie au début de sa carrière. Lorsque, général ignoré, il fut envoyé par protection commander l'armée d'Italie, il tomba au milieu de rudes généraux s'apprêtant à faire un dur accueil au jeune intrus que le Directoire leur expédiait. Dès la première minute, dès la première entrevue, sans phrases, sans gestes, sans menaces, au premier regard du futur grand homme, ils étaient domptés. Taine donne, d'après les mémoires des contemporains, un curieux récit de cette entrevue.

Les généraux de division, entre autres Augereau, sorte de soudard héroïque et grossier, fier de sa haute taille et de sa bravoure, arrivent au quartier général très mal disposés pour le petit parvenu qu'on leur expédie de Paris. Sur la description qu'on leur en a faite, Augereau est injurieux, insubordonné d'avance : un favori de Barras, un général de vendémiaire, un général de rue, regardé comme un ours, parce qu'il est toujours seul à penser, une petite mine, une réputation de mathématicien et de rêveur. On les introduit, et Bonaparte se fait attendre. Il paraît enfin, ceint de son épée, se couvre, explique ses dispositions, leur donne ses ordres et les congédie. Augereau est resté muet c'est dehors seulement qu'il se ressaisit et retrouve ses jurons ordinaires ; il convient, avec Masséna, que ce petit b… de général lui a fait peur ; il ne peut pas comprendre l'ascendant dont il s'est senti écrasé au premier coup d'œil.

Devenu grand homme, son prestige s'accrut de toute sa gloire et égala celui d'une divinité pour les dévots. Le général Vandamme, soudard révolutionnaire, plus brutal et plus énergique encore qu'Augereau, disait de lui au maréchal d'Ornano, en 1815, un jour qu'ils montaient ensemble l'escalier des Tuileries :

« Mon cher, ce diable d'homme exerce sur moi une fascination dont je ne puis me rendre compte. C'est au point que moi, qui ne crains ni dieu ni diable, quand je l'approche, je suis prêt à trembler comme un enfant, et il me ferait passer par le trou d'une aiguille pour me jeter dans le feu. »

Napoléon exerça la même fascination sur tous ceux qui l'approchèrent[1].

Davout disait, parlant du dévouement de Maret et du sien : « Si l'Empereur nous disait à tous deux : il importe aux intérêts de ma politique de détruire Paris sans que personne en sorte et s'en réchappe, Maret garderait le secret, j'en suis sûr, mais il ne pourrait s'empêcher de le compromettre cependant en faisant sortir sa famille. Eh bien ! moi, de peur de le laisser deviner, j'y laisserais ma femme et mes enfants. »

Cette étonnante puissance de fascination explique ce merveilleux retour de l'île d'Elbe ; la conquête immédiate de la France par un homme isolé, luttant contre toutes les forces organisées d'un grand pays, qu'on pouvait croire lassé de sa tyrannie. Il n'eut qu'à regarder les généraux envoyés qui avaient juré de s'emparer de lui. Tous se soumirent sans discussion.

Napoléon, écrit le général anglais Wolseley, débarque en France presque seul, et comme un fugitif, de la petite île d'Elbe qui était son royaume, et réussit en quelques semaines à bouleverser, sans effusion de sang, toute l'organisation du pouvoir de la France sous son roi légitime : l'ascendant personnel d'un homme s'affirma-t-il jamais plus étonnamment ? Mais d'un bout à l'autre de cette campagne, qui

---

[1] Très conscient de son prestige, l'Empereur savait l'accroître en traitant un peu moins bien que des palefreniers les grands personnages qui l'entouraient, et parmi lesquels figuraient plusieurs des célèbres conventionnels tant redoutés de l'Europe. Les récits du temps sont remplis de faits significatifs sur ce point. Un jour, en plein Conseil d'État, Napoléon rudoie grossièrement Beugnot, le traite comme un valet mal appris. L'effet produit, il s'approche et lui dit : « Eh bien ! grand imbécile, avez-vous retrouvé votre tête ? » Là-dessus, Beugnot, haut comme un tambourmajor, se courbe très bas, et le petit homme, levant la main, prend le grand par l'oreille, « signe de faveur enivrante, écrit Beugnot, geste familier du maître qui s'humanise ». De tels exemples donnent une notion nette du degré de platitude que peut provoquer le prestige. Ils font comprendre l'immense mépris du grand despote pour les hommes de son entourage.

fut sa dernière, combien est remarquable l'ascendant qu'il exerçait également sur les Alliés, les obligeant à suivre son initiative, et combien peu s'en fallut qu'il ne les écrasât ?

Son prestige lui survécut et continua à grandir. C'est lui qui fit sacrer empereur un neveu obscur. En voyant renaître aujourd'hui sa légende, on constate à quel point cette grande ombre est puissante encore. Malmenez les hommes, massacrez-les par millions, amenez invasions sur invasions, tout vous est permis si vous possédez un degré suffisant de prestige et le talent nécessaire pour le maintenir.

J'ai invoqué ici un exemple de prestige absolument exceptionnel, sans doute, mais il était utile pour faire comprendre la genèse des grandes religions, des grandes doctrines et des grands empires. Sans la puissance exercée sur la foule par le prestige, cette genèse resterait incompréhensible.

Mais le prestige ne se fonde pas uniquement sur l'ascendant personnel, la gloire militaire et la terreur religieuse ; il peut avoir des origines plus modestes et cependant être considérable encore. Notre siècle en fournit plusieurs exemples. L'un d'eux, que la postérité rappellera d'âge en âge, fut donné par l'histoire de l'homme célèbre déjà cité qui modifia la face du globe et les relations commerciales des peuples en séparant deux continents. Il réussit dans son entreprise grâce à son immense volonté, mais aussi par la fascination qu'il exerçait sur tout son entourage. Pour vaincre l'opposition unanime, il n'avait qu'à se montrer, à parler un instant, et, sous le charme exercé, les opposants devenaient des amis. Les Anglais surtout combattaient son projet avec acharnement ; sa présence en Angleterre suffit pour rallier tous les suffrages. Quand, plus tard, il passa par Southampton, les cloches sonnèrent sur son passage. Ayant tout vaincu, hommes et choses, il ne croyait plus aux obstacles et voulut recommencer Suez à Panama avec les mêmes moyens ; mais la foi qui soulève les montagnes ne les soulève qu'à la condition de n'être pas trop hautes. Les montagnes résistèrent, et la catastrophe qui s'ensuivit détruisit l'éblouissante auréole de gloire enveloppant le héros. Sa vie enseigne comment peut grandir et disparaître le prestige. Après avoir égalé en grandeur les plus célèbres personnages historiques, il fut abaissé par les magistrats de son pays au rang des plus vils criminels. Son cercueil passa isolé au milieu des foules indifférentes. Seuls, les souverains étrangers rendirent hommage à sa mémoire[1].

Mais les divers exemples qui viennent d'être cités représentent des formes extrêmes. Pour établir dans ses détails la psychologie du prestige, il faudrait en examiner la série depuis les fondateurs de religions et d'empires jusqu'au particulier essayant d'éblouir ses voisins par un habit neuf ou une décoration.

Entre les termes ultimes de cette série, se placeraient toutes les formes du prestige dans les divers éléments d'une civilisation : sciences, arts, littérature, etc., et l'on verrait alors qu'il constitue l'élément fondamental de la persuasion. L'être, l'idée ou la chose possédant du prestige sont par voie de contagion immédiatement imités et imposent à toute une génération certaines façons de sentir et de traduire les pensées. L'imitation est d'ailleurs le plus souvent inconsciente, et c'est précisément ce qui la rend complète. Les peintres modernes, reproduisant les couleurs effacées et les attitudes rigides

---

[1] Un journal étranger, la *Neue Freie Presse,* de Vienne, s'est livré au sujet de la destinée de Lesseps à des réflexions d'une très judicieuse psychologie, et que, pour cette raison, je reproduis ici :
« Après la condamnation de Ferdinand de Lesseps, on n'a plus le droit de s'étonner de la triste fin de Christophe Colomb. Si Ferdinand de Lesseps est un escroc, toute noble illusion est un crime. L'Antiquité aurait couronné la mémoire de Lesseps d'une auréole de gloire, et lui aurait fait boire à la coupe du nectar, au milieu de l'Olympe, car il a changé la face de la terre, et a accompli des œuvres qui perfectionnent la création. En condamnant Ferdinand de Lesseps, le président de la Cour d'appel s'est fait immortel, car toujours les peuples demanderont le nom de l'homme qui ne craignit pas d'abaisser son siècle pour habiller de la casaque du forçat un vieillard dont la vie a été la gloire de ses contemporains.
« Qu'on ne nous parle plus désormais de justice inflexible là où règne la haine bureaucratique contre les grandes œuvres hardies. Les nations ont besoin de ces hommes audacieux qui croient en eux-mêmes et franchissent tous les obstacles, sans égard pour leur propre personne. Le génie ne peut pas être prudent ; avec la prudence il ne pourrait jamais élargir le cercle de l'activité humaine.
Ferdinand de Lesseps a connu l'ivresse du triomphe et l'amertume des déceptions : Suez et Panama. Ici le cœur se révolte contre la morale du succès. Lorsque de Lesseps eut réussi à relier deux mers, princes et nations lui rendirent leurs hommages ; aujourd'hui qu'il échoue contre les rochers des Cordillères, il n'est plus qu'un vulgaire escroc... Il y a là une guerre des classes de la société, un mécontentement de bureaucrates et d'employés qui se vengent par le code criminel contre ceux qui voudraient s'élever au-dessus des autres... Les législateurs modernes se trouvent embarrassés devant ces grandes idées du génie humain ; le public y comprend moins encore, et il est facile à un avocat général de prouver que Stanley est un assassin et Lesseps un trompeur. »

de certains primitifs, ne se doutent guère d'où vient leur inspiration ; ils croient à leur propre sincérité, alors que si un maître éminent n'avait pas ressuscité cette forme d'art, on aurait continué à n'en voir que les côtés naïfs et inférieurs. Ceux qui, à l'instar d'un novateur célèbre, inondent leurs toiles d'ombres violettes, ne voient pas dans la nature plus de violet qu'il y a cinquante ans, mais ils sont suggestionnés par l'impression personnelle et spéciale d'un peintre qui sut acquérir un grand prestige. Dans chaque élément de la civilisation, de tels exemples pourraient être aisément invoqués.

On voit par ce qui précède que bien des facteurs peuvent entrer dans la genèse du prestige : un des plus importants fut toujours le succès. L'homme qui réussit, l'idée qui s'impose, cessent par ce fait même d'être contestés.

Le prestige disparaît toujours avec l'insuccès. Le héros que la foule acclamait la veille, est conspué par elle le lendemain si le sort l'a frappé. La réaction sera même d'autant plus vive que le prestige aura été plus grand. La multitude considère alors le héros tombé comme un égal, et se venge de s'être inclinée devant une supériorité qu'elle ne reconnaît plus. Robespierre faisant couper le cou à ses collègues et à un grand nombre de ses contemporains, possédait un immense prestige. Un déplacement de quelques voix le lui fit perdre immédiatement, et la foule le suivit à la guillotine avec autant d'imprécations qu'elle accompagnait la veille ses victimes. C'est toujours avec fureur que les croyants brisent les statues de leurs anciens dieux.

Le prestige enlevé par l'insuccès est perdu brusquement. Il peut s'user aussi par la discussion, mais d'une façon plus lente. Ce procédé est cependant d'un effet très sûr. Le prestige discuté n'est déjà plus du prestige. Les dieux et les hommes ayant su garder longtemps leur prestige n'ont jamais toléré la discussion. Pour se faire admirer des foules, il faut toujours les tenir à distance.

# Chapitre IV

# Limites de variabilité des croyances et des opinions des foules

*1. Les croyances fixes*

Un parallélisme étroit existe entre les caractères anatomiques des êtres et leurs caractères psychologiques. Dans les caractères anatomiques nous trouvons certains éléments invariables, ou si peu variables, qu'il faut la durée des âges géologiques pour les changer. À côté de ces caractères fixes, irréductibles, s'en rencontrent d'autres très mobiles que le milieu, l'art de l'éleveur et de l'horticulteur modifient parfois au point de dissimuler, pour l'observateur peu attentif, les caractères fondamentaux.

Le même phénomène s'observe pour les caractères moraux. À côté des éléments psychologiques irréductibles d'une race se rencontrent des éléments mobiles et changeants. Et c'est pourquoi, en étudiant les croyances et les opinions d'un peuple, on constate toujours un fonds très fixe sur lequel se greffent des opinions aussi mobiles que le sable qui recouvre le rocher.

Les croyances et les opinions des foules forment ainsi deux classes bien distinctes. D'une part, les grandes croyances permanentes, se perpétuant plusieurs siècles, et sur lesquelles une civilisation entière repose. Telles, autrefois, la conception féodale, les idées chrétiennes, celles de la réforme. Tels, de nos jours, le principe des nationalités, les idées démocratiques et sociales. D'autre part, les opinions momentanées et changeantes dérivées le plus souvent des conceptions générales que chaque âge voit apparaître et mourir : telles les théories qui guident les arts et la littérature à certains moments, celles, par exemple, qui produisent le romantisme, le naturalisme, etc. Aussi superficielles que la mode, elles changent comme les petites vagues naissant et s'évanouissant perpétuellement à la surface d'un lac aux eaux profondes.

Les grandes croyances générales sont en nombre fort restreint. Leur formation et leur disparition constituent pour chaque race historique les points culminants de son histoire. Elles sont la vraie charpente des civilisations.

Une opinion passagère s'établit aisément dans l'âme des foules, mais il est très difficile d'y ancrer une croyance durable, fort difficile également de détruire cette dernière lorsqu'elle est formée. On ne peut guère la changer qu'au prix de révolutions violentes et seulement lorsque la croyance a perdu presque entièrement son empire sur les âmes. Les révolutions servent alors à rejeter entièrement des croyances à peu près abandonnées déjà, mais que le joug de la coutume empêchait de délaisser complètement. Les révolutions qui commencent sont en réalité des croyances qui finissent.

Le jour précis où une grande croyance se trouve marquée pour mourir est celui où sa valeur commence à être discutée. Toute croyance générale n'étant guère qu'une fiction ne saurait subsister qu'à la condition d'échapper à l'examen.

Mais alors même qu'une croyance est fortement ébranlée, les institutions qui en dérivent conservent leur puissance et ne s'effacent que lentement. Quand elle a enfin perdu complètement son pouvoir, tout ce qu'elle soutenait s'écroule. Il n'a pas encore été donné à un peuple de changer ses croyances sans être aussitôt condamné à transformer les éléments de sa civilisation.

Il les transforme jusqu'à ce qu'il ait adopté une nouvelle croyance générale ; et vit jusque-là forcément dans l'anarchie. Les croyances générales sont les supports nécessaires des civilisations ; elles impriment une orientation aux idées et seules peuvent inspirer la foi et créer le devoir.

Les peuples ont toujours senti l'utilité d'acquérir des croyances générales, et compris d'instinct que leur disparition devait marquer pour eux l'heure de la décadence. Le culte fanatique de Rome fut la croyance qui rendit les Romains maîtres du monde. Cette croyance morte, Rome dut périr. C'est seulement lorsqu'ils eurent acquis quelques croyances communes que les barbares, destructeurs de la civilisation romaine, atteignirent à une certaine cohésion et purent sortir de l'anarchie.

Ce n'est donc pas sans cause que les peuples ont toujours défendu leurs convictions avec intolérance. Très critiquable au point de vue philosophique, elle représente dans la vie des nations une vertu. C'est pour fonder ou maintenir des croyances générales que le Moyen Âge éleva tant de bûchers, que tant d'inventeurs et de novateurs moururent dans le désespoir quand ils évitaient les supplices. C'est pour les défendre que le monde a été tant de fois bouleversé, que des millions d'hommes sont tombés sur les champs de bataille, et y tomberont encore.

De grandes difficultés s'opposent, nous l'avons dit, à l'établissement d'une croyance générale, mais, définitivement établie, sa puissance est pour longtemps invincible ; et quelle que soit sa fausseté philosophique, elle s'impose aux plus lumineux esprits. Les peuples de l'Europe n'ont-ils pas, depuis quinze siècles, considéré comme vérités indiscutables des légendes religieuses aussi barbares[1], quand on les examine de près, que celles de Moloch. L'effrayante absurdité de la légende d'un Dieu se vengeant sur son fils par d'horribles supplices de la désobéissance d'une de ses créatures, n'a pas été aperçue pendant bien des siècles. Les plus puissants génies, un Galilée, un Newton, un Leibniz, n'ont pas même supposé un instant que la vérité de telles légendes pût être discutée. Rien ne démontre mieux l'hypnotisation produite par les croyances générales, mais rien ne marque mieux aussi les humiliantes limites de notre esprit.

Dès qu'un dogme nouveau est implanté dans l'âme des foules, il devient l'inspirateur de ses institutions, de ses arts et de sa conduite. Son empire sur les âmes est alors absolu. Les hommes d'action songent à le réaliser, les législateurs à l'appliquer, les philosophes, les artistes, les littérateurs se préoccupent de le traduire sous des formes diverses.

De la croyance fondamentale, des idées momentanées accessoires peuvent surgir, mais elles portent toujours l'empreinte de la foi dont elles sont issues. La civilisation égyptienne, la civilisation du Moyen Âge, la civilisation musulmane des Arabes dérivent d'un petit nombre de croyances religieuses qui ont imprimé leur marque sur les moindres éléments de ces civilisations, et permettent de les reconnaître aussitôt.

Grâce aux croyances générales, les hommes de chaque âge sont entourés d'un réseau de traditions, d'opinions et de coutumes, au joug desquelles ils ne sauraient échapper et qui les rendent toujours un peu semblables les uns aux autres. L'esprit le plus indépendant ne songe pas à s'y soustraire. Il n'est de véritable tyrannie que celle qui s'exerce inconsciemment sur les âmes, parce que c'est la seule qui ne puisse se combattre. Tibère, Gengiskhan, Napoléon furent des tyrans redoutables sans doute, mais, du fond de leur tombeau, Moïse, Bouddha, Jésus, Mahomet, Luther ont exercé sur les âmes un despotisme bien autrement profond. Une conspiration abattra un tyran, mais que peut-elle sur une croyance bien établie ? Dans sa lutte violente contre le catholicisme, et malgré l'assentiment apparent des multitudes, malgré des procédés de destruction aussi impitoyables que ceux de l'Inquisition, c'est notre grande Révolution qui

---

[1]Barbares philosophiquement, j'entends. Pratiquement, elles ont créé une civilisation entièrement nouvelle et, pendant de longs siècles, laissé entrevoir à l'homme ces paradis enchantés du rêve et de l'espoir qu'il ne connaîtra plus.

a été vaincue. Les seuls tyrans réels de l'humanité ont toujours été les ombres des morts ou les illusions qu'elle s'est créées.

L'absurdité philosophique de certaines croyances générales n'a jamais été, je le répète, un obstacle à leur triomphe. Ce triomphe ne semble même possible qu'à la condition qu'elles renferment quelque mystérieuse absurdité. L'évidente faiblesse des croyances socialistes actuelles ne les empêchera pas de s'implanter dans l'âme des foules. Leur véritable infériorité par rapport à toutes les croyances religieuses tient uniquement à ceci : l'idéal de bonheur promis par ces dernières ne devant être réalisé que dans une vie future, personne ne pouvait contester cette réalisation. L'idéal de bonheur socialiste devant se réaliser sur terre, la vanité des promesses apparaîtra dès les premières tentatives de réalisation, et la croyance nouvelle perdra du même coup tout prestige. Sa puissance ne grandira donc que jusqu'au jour de la réalisation. Et c'est pourquoi si la religion nouvelle exerce d'abord, comme toutes celles qui l'ont précédée, une action destructive, elle ne pourra exercer ensuite un rôle créateur.


## 2. *Les opinions mobiles des foules*


Au-dessus des croyances fixes, dont nous venons de montrer la puissance, se trouve une couche d'opinions, d'idées, de pensées qui naissent et meurent constamment. La durée de quelques-unes est fort éphémère, et les plus importantes ne dépassent guère la vie d'une génération. Nous avons marqué déjà que les changements survenant dans ces opinions sont parfois beaucoup plus superficiels que réels, et portent toujours l'empreinte des qualités de la race. Considérant, par exemple, les institutions politiques de notre pays, nous avons montré que les partis en apparence les plus contraires : monarchistes, radicaux, impérialistes, socialistes, etc., ont un idéal absolument identique, et que cet idéal tient uniquement à la structure mentale de notre race, puisque, sous des noms analogues, on retrouve chez d'autres nations un idéal contraire. Le nom donné aux opinions, les adaptations trompeuses ne changent pas le fond des choses. Les bourgeois de la Révolution, tout imprégnés de littérature latine, et qui, les yeux fixés sur la république romaine, adoptèrent ses lois, ses faisceaux et ses Loges, n'étaient pas devenus des Romains parce qu'ils restaient sous l'empire d'une puissante suggestion historique.

Le rôle du philosophe est de rechercher ce qui subsiste des croyances anciennes sous les changements apparents, et de distinguer dans le flot mouvant des opinions, les mouvements déterminés par les croyances générales et l'âme de la race.

Sans ce critérium, on pourrait croire que les foules changent de croyances politiques ou religieuses fréquemment et à volonté. L'histoire tout entière, politique, religieuse, artistique, littéraire, semble le prouver en effet.

Prenons, par exemple, une courte période, *1790* à 1820 seulement, c'est-à-dire trente ans, la durée d'une génération. Nous y voyons les foules, d'abord monarchiques, devenir révolutionnaires, puis impérialistes, puis encore monarchiques. En religion, elles évoluent pendant le même temps du catholicisme à l'athéisme, puis au déisme, puis retournent aux formes les plus exagérées du catholicisme. Et ce ne sont pas seulement les foules, mais également ceux les dirigeant qui subissent de pareilles transformations. On voit ces grands Conventionnels, ennemis jurés des rois et ne voulant ni dieux ni maîtres, devenir humbles serviteurs de Napoléon, puis porter pieusement des cierges dans les processions sous Louis XVIII.

Et durant les soixante-dix années qui suivent, quels changements encore dans les opinions des foules. La « Perfide Albion » du début de ce siècle devenant l'alliée de la France sous l'héritier de Napoléon ; la Russie, deux fois en guerre avec nous, et qui avait tant applaudi à nos derniers revers, considérée subitement comme une amie.

En littérature, en art, en philosophie, les successions d'opinions se manifestent, plus rapides encore. Romantisme, naturalisme, mysticisme, etc., naissent et meurent tour à tour. L'artiste et l'écrivain acclamés hier sont profondément dédaignés demain.

Mais, si nous analysons ces changements, en apparence si profonds, que voyons-nous ? Tous ceux contraires aux croyances générales et aux sentiments de la race n'ont qu'une durée éphémère, et le fleuve détourné reprend bientôt son cours. Les opinions qui ne se rattachent à aucune croyance générale, à aucun sentiment de la race, et qui par conséquent ne sauraient avoir de fixité, sont à la merci de tous les hasards ou, si l'on préfère, des moindres changements de milieu. Formées à l'aide de la suggestion et de la contagion, elles sont toujours momentanées et naissent et disparaissent parfois aussi rapidement que les dunes de sable formées par le vent au bord de la mer.

De nos jours, la somme des opinions mobiles des foules est plus grande que jamais ; et cela, pour trois raisons différentes.

La première est que les anciennes croyances, perdant progressivement leur empire, n'agissent plus comme jadis sur les opinions passagères pour leur donner une certaine orientation. L'effacement des croyances générales laisse place à une foule d'opinions particulières sans passé ni avenir.

La seconde raison est que la puissance croissante des foules trouvant de moins en moins de contrepoids, leur mobilité extrême d'idées peut se manifester librement.

La troisième raison enfin est la diffusion récente de la presse faisant passer sans cesse sous les yeux les opinions les plus contraires. Les suggestions engendrées par chacune d'elles sont bientôt détruites par des suggestions opposées. Aucune opinion n'arrive donc à s'étendre et toutes sont vouées à une existence éphémère. Elles meurent avant d'avoir pu se propager assez pour devenir générales.

De ces causes diverses résulte un phénomène très nouveau dans l'histoire du monde, et bien caractéristique de l'âge actuel, je veux parler de l'impuissance des gouvernements à diriger l'opinion.

Jadis, et ce jadis n'est pas fort loin, l'action des gouvernements, l'influence de quelques écrivains et d'un petit nombre de journaux constituaient les vrais régulateurs de l'opinion. Aujourd'hui les écrivains ont perdu toute influence et les journaux ne font plus que refléter l'opinion. Quant aux hommes d'État, loin de la diriger, ils ne cherchent qu'à la suivre. Leur crainte de l'opinion va parfois jusqu'à la terreur et ôte toute fixité à leur conduite,

L'opinion des foules tend donc à devenir de plus en plus le régulateur suprême de la politique, Elle arrive aujourd'hui à imposer des alliances, comme nous l'avons vu pour l'alliance russe, presque exclusivement sortie d'un mouvement populaire.

C'est un symptôme bien curieux de voir de nos jours papes, rois et empereurs, se soumettre au mécanisme de l'interview, pour exposer leur pensée, sur un sujet donné, au jugement des foules. On a pu dire jadis que la politique n'était pas chose sentimentale. Pourrait-on le dire actuellement encore en la voyant prendre pour guide les impulsions de foules mobiles ignorant la raison, et dirigées seulement par le sentiment ?

Quant à la presse, autrefois directrice de l'opinion, elle a dû, comme les gouvernements, s'effacer devant le pouvoir des foules, Sa puissance certes est considérable, mais seulement parce qu'elle représente exclusivement le reflet des opinions populaires et de leurs incessantes variations. Devenue simple agence d'information, elle renonce à imposer aucune idée, aucune doctrine. Elle suit tous les changements de la pensée publique, et les nécessités de la concurrence l'y obligent sous peine de perdre ses lecteurs. Les vieux organes solennels et influents d'autrefois, dont la précédente génération écoutait pieusement les oracles, ont disparu ou sont devenus feuilles d'informations encadrées de chroniques amusantes, de cancans mondains et de réclames financières. Quel serait aujourd'hui le journal assez riche pour permettre à ses rédacteurs des opinions personnelles, et quelle autorité ces opinions obtiendraient-elles près de lecteurs demandant seulement à être renseignés ou amusés, et qui, derrière chaque recommandation, entrevoient toujours le spéculateur ? La critique n'a même plus le pouvoir de lancer un livre ou une pièce de théâtre. Elle peut nuire, mais non servir. Les journaux ont tellement conscience de l'inutilité de toute opinion personnelle, qu'ils ont généralement supprimé les critiques littéraires, se bornant à donner le titre du livre avec deux ou trois lignes de réclame, et dans vingt ans, il en sera probablement de même pour la critique théâtrale.

Épier l'opinion est devenu aujourd'hui la préoccupation essentielle de la presse et des gouvernements. Quel effet produira tel événement, tel projet législatif, tel discours, voilà ce qu'il faut savoir ; ce n'est pas facile, car rien n'est plus mobile et plus changeant que la pensée des foules. On les voit accueillir avec des anathèmes ce qu'elles avaient acclamé la veille.

Cette absence totale de direction de l'opinion, et en même temps la dissolution des croyances générales, ont eu pour résultat final un émiettement complet de toutes les convictions, et l'indifférence croissante des foules, aussi bien que des individus, pour ce qui ne touche pas nettement leurs intérêts immédiats. Les questions de doctrines, telles que le socialisme, ne recrutent guère de défenseurs réellement convaincus que dans les couches illettrées : ouvriers des mines et des usines, par exemple. Le petit bourgeois, l'ouvrier légèrement teinté d'instruction sont devenus trop sceptiques.

L'évolution ainsi opérée depuis trente ans est frappante. À l'époque précédente, peu éloignée pourtant, les opinions possédaient encore une orientation générale ; elles dérivaient de l'adoption de quelque croyance fondamentale. Le fait seul d'être monarchiste donnait fatalement, aussi bien en histoire que dans les sciences, certaines idées arrêtées et le fait d'être républicain conférait des idées tout à fait contraires. Un monarchiste savait pertinemment que l'homme ne descend pas du singe, et un républicain savait non moins pertinemment qu'il en descend. Le monarchiste devait parler de la

Révolution avec horreur, et le républicain avec vénération. Certains noms, tels que ceux de Robespierre et de Marat, devaient être prononcés avec des mines dévotes, et d'autres, comme ceux de César, d'Auguste et de Napoléon ne pouvaient être articulés sans invectives. Jusque dans notre Sorbonne prévalait cette naïve façon de concevoir l'histoire.

Aujourd'hui devant la discussion et l'analyse, toute opinion perd son prestige ; ses angles s'usent vite, et il survit bien peu d'idées capables de nous passionner. L'homme moderne est de plus en plus envahi par l'indifférence.

Ne déplorons pas trop cet effritement général des opinions. Que ce soit un symptôme de décadence dans la vie d'un peuple, on ne saurait le contester. Les voyants, les apôtres, les meneurs, les convaincus en un mot, ont certes une bien autre force que les négateurs, les critiques et les indifférents : mais n'oublions pas qu'avec la puissance actuelle des foules, si une seule opinion pouvait acquérir assez de prestige pour s'imposer, elle serait bientôt revêtue d'un pouvoir tellement tyrannique que tout devrait aussitôt plier devant elle. L'âge de la libre discussion serait alors clos pour longtemps. Les foules représentent des maîtres pacifiques quelquefois, comme l'étaient à leurs heures Héliogabale et Tibère ; mais elles ont aussi de furieux caprices. Une civilisation prête à tomber entre leurs mains est à la merci de trop de hasards pour durer bien longtemps. Si quelque chose pouvait retarder un peu l'heure de l'effondrement, ce serait précisément l'extrême mobilité des opinions et l'indifférence croissante des foules pour toutes les croyances générales.

# LIVRE III

# CLASSIFICATION ET DESCRIPTION DES DIVERSES CATÉGORIES DE FOULES

# Chapitre I

# Classification des foules

Nous avons indiqué dans cet ouvrage les caractères généraux communs aux foules. Il nous reste à étudier les caractères particuliers superposés à ces caractères généraux, suivant les diverses catégories de collectivités.

Exposons d'abord une brève classification des foules.

Notre point de départ sera la simple multitude. Sa forme la plus inférieure se présente lorsqu'elle est composée d'individus appartenant à des races différentes. Son seul lieu commun se trouve alors la volonté, plus ou moins respectée, d'un chef. On peut donner comme types de telles multitudes, les barbares d'origines diverses, qui, pendant plusieurs siècles, envahirent l'Empire romain.

Au-dessus de ces multitudes sans cohésion, apparaissent celles qui, sous l'action de certains facteurs, ont acquis des caractères communs et fini par former une race. Elles présenteront à l'occasion les caractéristiques spéciales des foules, mais toujours contenues par celles de la race.

Les diverses catégories de foules observables chez chaque peuple peuvent se diviser de la façon suivante :

**A)** Foules hétérogènes

**1°** Anonymes (foules des rues, par exemple)

**2°** Non anonymes (jurys, assemblées parlementaires, etc.)

**B)** Foules homogènes

**1°** Sectes (sectes politiques, sectes religieuses, etc.)
**2°** Castes (caste militaire, caste sacerdotale, caste ouvrière, etc.)
**3°** Classes (classe bourgeoise, classe paysanne, etc.).

Indiquons en quelques mots les caractères différentiels des diverses catégories de foules[1].

### 1. Foules hétérogènes

Ces collectivités sont celles dont nous avons étudié précédemment les caractères. Elles se composent d'individus quelconques, quelle que soit leur profession ou leur intelligence.

Nous avons prouvé dans cet ouvrage que la psychologie des hommes en foule diffère essentiellement de leur psychologie indivi-

---

[1]On trouvera des détails sur les diverses catégories de foules dans mes derniers ouvrages (*La psychologie politique, Les opinions et les croyances, Psychologie des révolutions*).

duelle, et que l'intelligence ne soustrait pas à cette différenciation. Nous avons vu que, dans les collectivités, elle ne joue aucun rôle. Seuls des sentiments inconscients peuvent alors agir.

Un facteur fondamental, la race, permet de diviser assez nettement les diverses foules hétérogènes.

Nous sommes plusieurs fois déjà revenu sur son rôle et avons montré qu'elle est le plus puissant facteur capable de déterminer les actions des hommes. Son influence se manifeste également dans les caractères des foules. Une multitude composée d'individus quelconques, mais tous Anglais ou Chinois, différera profondément d'une autre composée d'individus également quelconques, mais de races variées : Russes, Français, Espagnols, etc.

Les profondes divergences créées par la constitution mentale héréditaire dans la façon de sentir et de penser des hommes, éclatent dès que certaines circonstances, assez rares d'ailleurs, réunissent dans une même foule, en proportions à peu près égales, des individus de nationalités différentes, quelque identiques que soient en apparence les intérêts qui les rassemblent. Les tentatives faites par les socialistes pour fusionner dans de grands congrès les représentants de la population ouvrière de chaque pays, ont toujours abouti aux plus furieuses discordes. Une foule latine, si révolutionnaire ou si conservatrice qu'on la suppose, fera invariablement appel, pour réaliser ses exigences, à l'intervention de l'État. Elle est toujours centralisatrice et plus ou moins césarienne. Une foule anglaise ou américaine, au contraire, ne connaît pas l'État et ne s'adresse qu'à l'initiative privée. Une foule française tient avant tout à l'égalité, et une foule anglaise à la liberté. Ces différences de races engendrent presque autant d'espèces de foules qu'il y a de nations.

L'âme de la race domine donc entièrement l'âme de la foule. Elle est le substratum puissant qui limite les oscillations. *Les caractères des foules sont d'autant moins accentués que l'âme de la race est plus forte.* C'est là une loi essentielle. L'état de foule et la domination des foules constituent la barbarie ou le retour à la barbarie. C'est en acquérant une âme solidement constituée que la race se soustrait de plus en plus à la puissance irréfléchie des foules et sort de la barbarie.

En dehors de la race, la seule classification importante à faire pour les foules hétérogènes est de les séparer en foules anonymes, comme celles des rues, et en foules non anonymes, les assemblées délibérantes et les jurés par exemple. Le sentiment de la responsabilité, nul chez les premières et développé chez les secondes, donne à leurs actes des orientations souvent différentes.

## 2. *Foules homogènes*

Les foules homogènes comprennent : 1° *les sectes ; 2° les castes ;* 3° *les classes.*

La *secte* marque le premier degré dans l'organisation des foules homogènes. Elle comprend des individus d'éducation, de professions, de milieux parfois fort différents, n'ayant entre eux que le lien unique des croyances. Telles sont les sectes religieuses et politiques, par exemple.

La *caste* représente le plus haut degré d'organisation dont la foule soit susceptible. Alors que la secte est formée d'individus de professions, d'éducation, de milieux souvent dissemblables et rattachés seulement par la communauté des croyances, la caste ne comprend que des individus de même profession et par conséquent d'éducation et de milieux à peu près identiques. Telles sont les castes militaire et sacerdotale.

La *classe* se compose d'individus d'origines diverses, réunis non par la communauté des croyances, comme les membres d'une secte, ni par la communauté des occupations professionnelles, comme les membres d'une caste, mais par certains intérêts, certaines habitudes de vie et d'éducation semblables. Telle la classe bourgeoise, la classe agricole, etc.

N'étudiant dans cet ouvrage que les foules hétérogènes, je m'occuperai seulement de quelques catégories de cette variété de foules choisies comme types.

# Chapitre II

# Les foules dites criminelles

I AM
A MAN
I AM
A MAN

Les foules tombant, après une certaine période d'excitation, à l'état de simples automates inconscients menés par des suggestions, il semble difficile de les qualifier en aucun cas de criminelles. Je conserve cependant ce qualificatif erroné parce qu'il a été consacré par des recherches psychologiques. Certains actes des foules sont assurément criminels considérés en eux-mêmes, mais alors au même titre que l'acte d'un tigre dévorant un Hindou, après l'avoir d'abord laissé déchiqueter par ses petits pour les distraire.

Les crimes des foules résultent généralement d'une suggestion puissante, et les individus qui y ont pris part sont persuadés ensuite avoir obéi à un devoir. Tel n'est pas du tout le cas du criminel ordinaire.

L'histoire des crimes commis par les foules met en évidence ce qui précède.

On peut citer comme exemple typique le meurtre du gouverneur de la Bastille, M. de Launay. Après la prise de cette forteresse, le gouverneur, entouré d'une foule très excitée, recevait des coups de tous côtés. On proposait de le pendre, de lui couper la tête, ou de l'attacher à la queue d'un cheval. En se débattant, il frappa par mégarde d'un coup de pied l'un des assistants. Quelqu'un proposa, et sa suggestion fut acclamée aussitôt par la foule, que l'individu atteint coupât le cou au gouverneur.

« Celui-ci, cuisinier sans place, demi-badaud qui est allé à la Bastille pour voir ce qui s'y passait, juge que, puisque tel est l'avis général, l'action est patriotique, et croit même mériter une médaille en détruisant un monstre. Avec un sabre qu'on lui prête, il frappe sur le col nu ; mais le sabre mal affilé ne coupant pas, il tire de sa poche un petit couteau à manche noir et (comme, en sa qualité de cuisinier, il sait travailler les viandes) il achève heureusement l'opération. »

On voit clairement ici le mécanisme précédemment indiqué. Obéissance à une suggestion d'autant plus puissante qu'elle est collective, conviction chez le meurtrier d'avoir commis un acte fort méritoire, et conviction naturelle puisqu'il a pour lui l'approbation unanime de ses concitoyens. Un acte semblable peut être légalement, mais non psychologiquement, qualifié de criminel.

Les caractères généraux des foules dites criminelles sont exactement ceux que nous avons constatés chez toutes les foules : suggestibilité, crédulité, mobilité, exagération des sentiments bons ou mauvais, manifestation de certaines formes de moralité, etc.

Nous retrouverons tous ces caractères chez une des foules qui laissèrent un des plus sinistres souvenirs de notre histoire : les septembriseurs. Elle présente d'ailleurs beaucoup d'analogie avec celles qui firent la Saint-Barthélemy. J'emprunte les détails du récit à Taine, qui les a puisés dans les mémoires du temps.

On ne sait pas exactement qui donna l'ordre ou suggéra de vider les prisons en massacrant les prisonniers. Que ce soit Danton, comme cela paraît probable, ou tout autre, peu importe ; le seul fait intéressant pour nous est celui de la suggestion puissante reçue par la foule chargée du massacre.

L'armée des massacreurs comprenait environ trois cents personnes, et constituait le type parfait d'une foule hétérogène. À part un très petit nombre de gredins professionnels, elle se composait surtout de boutiquiers et d'artisans de corps d'états divers : cordonniers, serruriers, perruquiers, maçons, employés, commissionnaires, etc. Sous l'influence de la suggestion reçue, ils sont, comme le cuisinier cité plus haut, parfaitement convaincus d'accomplir un devoir patriotique. Ils remplissent une double fonction, juges et bourreaux, et ne se considèrent en aucune façon comme des criminels.

Pénétrés de l'importance de leur rôle, ils commencent par former une sorte de tribunal, et immédiatement apparaissent l'esprit simpliste et l'équité non moins simpliste des foules. Vu le nombre considérable des accusés, on décide d'abord que les nobles, les prêtres, les officiers, les serviteurs du roi, c'est-à-dire tous les individus dont la profession seule est une preuve de culpabilité aux yeux d'un bon patriote, seront massacrés en tas sans qu'il soit besoin de décision spéciale. On jugera les autres sur la mine et la réputation. La conscience rudimentaire de la foule étant ainsi satisfaite, elle va pouvoir procéder légalement au massacre et donner libre cours aux instincts de férocité dont j'ai montré ailleurs la genèse, et que les collectivités ont le pouvoir de développer à un haut degré. Ils n'empêcheront pas du reste - ainsi que cela est la règle dans les foules - la manifestation concomitante d'autres sentiments contraires, tels qu'une sensibilité souvent aussi extrême que la férocité.

« Ils ont la sympathie expansive et la sensibilité prompte de l'ouvrier parisien. À l'Abbaye, un fédéré, apprenant que depuis vingt-six heures on avait laissé les détenus sans eau, voulait absolument exterminer le guichetier négligent, et l'eût fait sans les supplications des détenus eux-mêmes. Lorsqu'un prisonnier est acquitté (par leur tribunal improvisé), gardes et tueurs, tout le monde l'embrasse avec transport, on applaudit à outrance », puis on retourne tuer les autres. Pendant le massacre une aimable gaieté ne cesse de régner. Ils dansent et chantent autour des cadavres, disposent des bancs « pour les dames » heureuses de voir tuer des aristocrates. Ils continuent aussi à manifester une équité spéciale. Un tueur s'étant plaint, à l'Abbaye, que les dames placées un peu loin voient mal, et que quelques assistants seuls ont le plaisir de frapper les aristocrates, ils se rendent à la justesse de cette observation, et décident de faire passer lentement les victimes entre deux haies d'égorgeurs qui ne pourront frapper qu'avec le dos du sabre, afin de prolonger le supplice. À la force les victimes sont mises entièrement nues, déchiquetées pendant une demi-heure ; puis, quand tout le monde a bien vu, on les achève en leur ouvrant le ventre.

Les massacreurs sont d'ailleurs fort scrupuleux, et manifestent la moralité dont nous avons déjà signalé l'existence au sein des foules. Ils rapportent sur la table des comités l'argent et les bijoux des victimes.

Dans tous leurs actes on retrouve toujours ces formes rudimentaires de raisonnement, caractéristiques de l'âme des foules. C'est ainsi qu'après l'égorgement des douze ou quinze cents ennemis de la nation, quelqu'un fait observer, et immédiatement sa suggestion est acceptée, que les autres prisons, contenant des vieux mendiants, des vagabonds, des jeunes détenus, renferment en réalité des bouches inutiles, dont il serait bon de se débarrasser. D'ailleurs figurent certainement parmi eux des ennemis du peuple, tels, par exemple, qu'une certaine dame Delarue, veuve d'un empoisonneur : « Elle doit être furieuse d'être en prison ; si elle pouvait, elle mettrait le feu à Paris ; elle doit l'avoir dit, elle l'a dit. Encore un coup de balai. » La démonstration paraît évidente, et tout est massacré en bloc, y compris une cinquantaine d'enfants de douze à dix-sept ans qui, d'ailleurs, eux-mêmes, auraient pu devenir des ennemis de la nation et devaient par conséquent être supprimés.

Après une semaine de travail, toutes ces opérations étaient terminées, et les massacreurs purent songer au repos. Intimement persuadés qu'ils avaient bien mérité de la patrie, ils vinrent réclamer une récompense aux autorités ; les plus zélés exigèrent même une médaille.

L'histoire de la Commune de 1871 nous offre plusieurs faits analogues. L'influence grandissante des foules et les capitulations successives des pouvoirs devant elles en fourniront certainement bien d'autres.

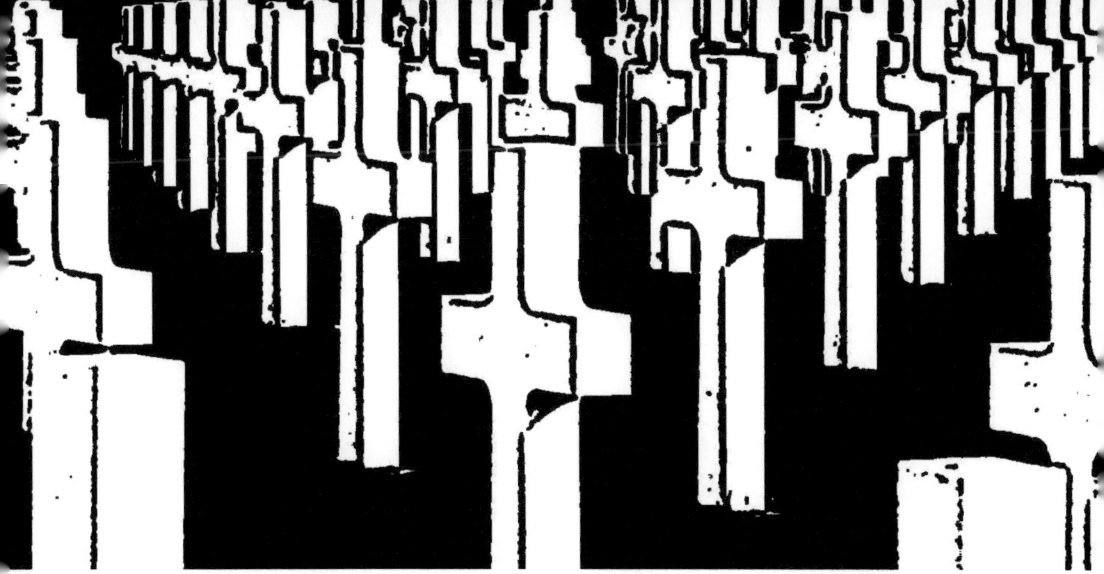

# Chapitre III

# Les jurés de Cour d'assises

Ne pouvant étudier ici toutes les catégories de jurés, j'examinerai seulement la plus importante, celle de cours d'assises. Ils constituent un excellent exemple de foule hétérogène non anonyme. On y retrouve la suggestibilité, la prédominance des sentiments inconscients, la faible aptitude au raisonnement, l'influence des meneurs, etc. En les étudiants nous aurons l'occasion d'observer d'intéressants spécimens des erreurs que peuvent commettre les personnes non initiées à la psychologie des collectivités.

Les jurés fournissent tout d'abord une preuve de la faible importance, au point de vue des décisions, du niveau mental des divers éléments composant une foule. Nous avons vu que dans une assemblée délibérante appelée à donner son opinion sur une question n'ayant pas un caractère tout à fait technique, l'intelligence ne joue aucun rôle ; et qu'une réunion de savants ou d'artistes n'émet pas, sur des sujets généraux, des jugements sensiblement différents de ceux d'une assemblée de maçons. À diverses époques, l'administration choisissait soigneusement les personnes appelées à composer le jury, et les recrutait parmi les classes éclairées : professeurs, fonctionnaires, lettrés, etc. Aujourd'hui le jury est surtout formé de petits marchands, petits patrons et employés. Or, au grand étonnement des écrivains spécialistes, quelle qu'ait été la composition des jurys, la statistique montre leurs décisions identiques. Les magistrats eux-mêmes, si hostiles pourtant à l'institution du jury, ont dû reconnaître l'exactitude de cette assertion. Voici comme s'exprime à ce sujet un ancien président de cour d'assises, M. Bérard des Glajeux, dans ses *Souvenirs :*

Aujourd'hui les choix du jury sont en réalité dans les mains des conseillers municipaux, qui admettent ou éliminent, à leur gré, suivant les préoccupations politiques et électorales inhérentes à leur situation… La majorité des élus se compose de commerçants moins importants qu'on ne les choisissait autrefois, et des employés de certaines administrations… Toutes les opinions se fondant avec toutes les professions dans le rôle de juge, beaucoup ayant l'ardeur des néophytes, et les hommes de meilleure volonté se rencontrant dans les situations les plus humbles, l'esprit du jury n'a pas changé : *ses verdicts sont restés les mêmes.*

Retenons de ce passage les conclusions qui sont très justes, et non les explications qui sont très faibles. Il ne faut pas s'étonner d'une telle faiblesse, car la psychologie des foules, et par conséquent des jurés, semble avoir été le plus souvent aussi inconnue des avocats que des magistrats. J'en trouve la preuve dans ce fait rapporté par le même auteur, qu'un des plus illustres avocats de la cour d'assises,

Lachaud, usait systématiquement de son droit de récusation à l'égard de tous les individus intelligents faisant partie du jury. Or, l'expérience - l'expérience seule - a fini par apprendre l'entière inutilité des récusations. Le ministère publie et les avocats, à Paris du moins, y ont complètement renoncé aujourd'hui ; et, comme le fait remarquer M. des Glajeux, les verdicts n'ont pas changé, « ils ne sont ni meilleurs ni pires ».

De même que toutes les foules, les jurés sont très fortement impressionnés par des sentiments et très faiblement par des raisonnements. « Ils ne résistent pas, écrit un avocat, à la vue d'une femme donnant à téter, ou à un défilé d'orphelins. » « Il suffit qu'une femme soit agréable, dit M. des Glajeux, pour obtenir la bienveillance du jury. »

Impitoyables aux crimes qui semblent pouvoir les atteindre - et qui sont précisément d'ailleurs les plus redoutables pour la société - les jurés se montrent au contraire fort indulgents pour les crimes dits passionnels. Ils sont rarement sévères pour l'infanticide des filles mères et moins encore pour la fille abandonnée qui vitriolise son séducteur. Ils sentent fort bien d'instinct que ces crimes-là sont peu dangereux pour la société, et que dans un pays où la loi ne protège pas les filles abandonnées, la vengeance de l'une d'elles est plus utile que nuisible, en intimidant d'avance les futurs séducteurs[1].

Les jurys, comme toutes les foules, sont fort éblouis par le prestige, et le président des Glajeux fait justement remarquer que, très démocratiques dans leur composition, ils se montrent très aristocratiques dans leurs affections : « Le nom, la naissance, la grande fortune, la renommée, l'assistance d'un avocat illustre, les choses qui distinguent et les choses qui reluisent forment un appoint très considérable dans la main des accusés. »

---

[1]Remarquons en passant que cette division, très bien faite d'instinct par les jurés, entre les crimes socialement dangereux et les autres crimes n'est nullement dénuée de justesse. Le but des *lois* criminelles doit être évidemment de protéger la société contre les criminels et non de la venger. Or, nos codes, et surtout l'esprit de nos magistrats, sont tout imprégnés encore de l'esprit de vengeance du vieux droit primitif. Le terme de vindicte (vindicta, vengeance) est encore d'un usage journalier. Nous avons la preuve de cette tendance des magistrats dans le refus de beaucoup d'entre eux d'appliquer l'excellente *loi* Béranger, permettant au condamné de ne subir sa peine que s'il récidive. Or, pas un magistrat ne peut ignorer, car la statistique le prouve, que l'application d'une première peine entraîne presque infailliblement la récidive. Les juges relâchant un coupable, s'imaginent que la société n'a pas été vengée. Plutôt que de ne pas la venger, ils préfèrent créer un récidiviste dangereux.

Agir sur les sentiments des jurés, et comme avec toutes les foules, raisonner fort peu, ou n'employer que des formes rudimentaires de raisonnement, doit être la préoccupation d'un bon avocat. Un avocat anglais célèbre par ses succès en cour d'assises a bien analysé cette méthode.

Il observait attentivement le jury tout en plaidant. C'est le moment favorable. Avec du flair et de l'habitude, l'avocat lit sur les physionomies l'effet de chaque phrase, de chaque mot, et il en tire ses conclusions. Il s'agit tout d'abord de distinguer les membres acquis d'avance à la cause. Le défenseur achève en un tour de main de se les assurer, après quoi il passe aux membres qui semblent, au contraire, mal disposés, et il s'efforce de deviner pourquoi ils sont contraires à l'accusé. C'est la partie délicate du travail, car il peut y avoir une infinité de raisons d'avoir envie de condamner un homme, en dehors du sentiment de la justice.

Ces quelques lignes résument très justement le but de l'art oratoire, et nous montrent aussi l'inutilité des discours faits d'avance puisqu'il faut à chaque instant modifier les termes employés, suivant l'impression produite.

L'orateur n'a pas besoin de convertir tous les membres d'un jury, mais seulement les meneurs qui détermineront l'opinion générale. Comme dans toutes les foules, un petit nombre d'individus conduisent les autres. « J'ai fait l'expérience, dit l'avocat que je citais plus haut, qu'au moment de rendre le verdict, il suffisait d'un ou deux hommes énergiques pour entraîner le reste du jury. » Ce sont ces deux ou trois qu'il faut convaincre par d'habiles suggestions. On doit d'abord et avant tout leur plaire. L'homme en foule à qui l'on plaît est déjà presque convaincu, et tout disposé à considérer comme excellentes les raisons quelconques qu'on lui présente. Je trouve, dans un travail intéressant sur Me Lachaud, l'anecdote suivante :

On sait que pendant toute la durée des plaidoiries qu'il prononçait aux assises, Lachaud ne perdait pas de vue deux ou trois jurés qu'il savait, ou sentait, influents, mais revêches. Généralement, il parvenait à réduire ces récalcitrants. Pourtant, une fois, en province, il en trouva un qu'il dardait vainement de son argumentation la plus tenace depuis trois quarts d'heure : le premier du deuxième banc, le septième juré. C'était désespérant ! Tout à coup, au milieu d'une démonstration passionnante, Lachaud s'arrête, et s'adressant au président de la cour d'assises : « Monsieur le Président, dit-il, ne pourriez-vous pas faire tirer le rideau, là en face. Monsieur le septième juré est aveuglé par le soleil. » Le septième juré rougit, sourit, remercia. Il était acquis à la défense.

Plusieurs écrivains, et des plus distingués, ont fortement combattu dans ces derniers temps l'institution du jury, seule protection pourtant contre les erreurs vraiment bien fréquentes d'une caste sans contrôle[1]. Les uns voudraient un jury recruté seulement parmi les classes éclairées ; mais nous avons déjà prouvé que même dans ce cas les décisions seraient identiques à celles actuellement rendues. D'autres, se basant sur les erreurs commises par les jurés, voudraient supprimer ces derniers et les remplacer par des juges. Mais comment peuvent-ils oublier que les erreurs reprochées au jury, sont toujours d'abord commises par des juges, puisque l'accusé déféré au jury a été considéré comme coupable par plusieurs magistrats : le juge d'instruction, le procureur de la République et la Chambre des mises en accusation. Et ne voit-on pas alors que s'il était définitivement jugé par des magistrats au lieu de l'être par des jurés, l'accusé perdrait sa seule chance d'être reconnu innocent. Les erreurs des jurés ont toujours été d'abord des erreurs de magistrats. À ces derniers uniquement il faut donc s'en prendre quand on voit des erreurs judiciaires particulièrement monstrueuses comme la condamnation de ce docteur X.... qui, poursuivi par un juge d'instruction véritablement trop borné, sur la dénonciation d'une fille demi-idiote accusant le médecin de l'avoir fait avorter pour 30 francs, aurait été envoyé au bagne sans l'explosion d'indignation publique qui le fit gracier immédiatement par le chef de l'État. L'honorabilité du condamné proclamée par tous ses concitoyens rendait évidente la grossièreté de l'erreur, les magistrats la reconnaissaient eux-mêmes ; et, cependant, par esprit de caste, ils s'efforcèrent d'empêcher la signature de la grâce. Dans toutes les affaires analogues, entourées de détails techniques où il ne peut rien comprendre, le jury écoute na-

---

[1] La magistrature représente, en effet, l'unique administration dont les actes ne soient soumis à aucun contrôle. Toutes les révolutions de la France démocratique n'ont pu lui acquérir ce droit d'habeas corpus dont l'Angleterre est si fière. Nous avons banni les tyrans ; mais dans chaque cité un magistrat dispose à son gré de l'honneur et de la liberté des citoyens. Un petit juge d'instruction, à peine sorti de l'École de droit, possède le pouvoir révoltant d'envoyer en prison, sur une simple supposition de culpabilité dont il ne doit la justification à personne, les citoyens les plus considérables. Il peut les y garder six mois ou même un an sous prétexte d'instruction, et les relâcher ensuite sans leur devoir ni indemnité ni excuses. Le mandat d'amener est absolument l'équivalent de la lettre de cachet, avec cette différence que cette dernière, si justement reprochée à l'ancienne monarchie, n'était à la portée que de très grands personnages, alors qu'elle est aujourd'hui entre les mains de toute une classe de citoyens, qui est loin de passer pour la plus éclairée et la plus indépendante.

turellement le ministère public, réfléchissant qu'après tout l'affaire a été instruite par des magistrats rompus à toutes les subtilités. Quels sont alors les auteurs véritables de l'erreur : les jurés ou les magistrats ? Gardons précieusement le jury. Il constitue peut-être l'unique catégorie de foule qu'aucune individualité ne saurait remplacer. Lui seul peut tempérer les inexorabilités de la loi qui, égale pour tous, en principe, doit être aveugle et ne pas connaître les cas particuliers. Inaccessible à la pitié, et ne connaissant que les textes, le juge avec sa dureté professionnelle, frapperait de la même peine le cambrioleur assassin et la fille pauvre conduite à l'infanticide par l'abandon de son séducteur et la misère ; alors que le jury sent d'instinct que la fille séduite est beaucoup moins coupable que le séducteur, qui, lui, cependant, échappe à la loi, et qu'elle mérite son indulgence.

Connaissant la psychologie des castes et celle des autres catégories de foules, je ne vois aucun cas où, accusé à tort d'un crime, je ne préférerais avoir affaire à des jurés plutôt qu'à des magistrats. Avec les premiers, j'aurais beaucoup de chances d'être reconnu innocent et très peu avec les seconds. Redoutons la puissance des foules, mais beaucoup plus encore celle de certaines castes. Les unes peuvent se laisser convaincre, les autres ne fléchissent jamais.

# Chapitre IV

# Les foules électorales

Les foules électorales, c'est-à-dire les collectivités appelées à élire les titulaires de certaines fonctions, constituent des foules hétérogènes ; mais, comme elles n'agissent que sur un seul point déterminé : choisir entre divers candidats, on ne peut observer chez elles que quelques-uns des caractères précédemment décrits. Ceux qu'elles manifestent surtout sont la faible aptitude au raisonnement, l'absence d'esprit critique, l'irritabilité, la crédulité et le simplisme. On découvre aussi dans leurs décisions l'influence des meneurs et le rôle des facteurs précédemment énumérés : l'affirmation, la répétition, le prestige et la contagion.

Recherchons comment on les séduit. Des procédés qui réussissent le mieux, leur psychologie se déduira clairement.

La première des qualités à posséder pour le candidat est le prestige. Le prestige personnel ne peut être remplacé que par celui de la fortune. Le talent, le génie même ne sont pas des éléments de succès.

Cette nécessité pour le candidat d'être revêtu de prestige, de pouvoir par conséquent s'imposer sans discussion, est capitale. Si les électeurs, composés surtout d'ouvriers et de paysans, choisissent si rarement un des leurs pour les représenter, c'est que les personnalités sorties de leurs rangs n'ont pour eux aucun prestige. Ils ne nomment guère un égal, que pour des raisons accessoires, contrecarrer par exemple un homme éminent, un patron puissant, dans la dépendance duquel se trouve chaque jour l'électeur, et dont il a ainsi l'illusion de devenir un instant le maître.

Mais la possession du prestige ne suffit pas pour assurer le succès au candidat. L'électeur tient à voir flatter ses convoitises et ses vanités ; le candidat doit l'accabler d'extravagantes flagorneries, ne pas hésiter à lui faire les plus fantastiques promesses. Devant des ouvriers, on ne saurait trop injurier et flétrir leurs patrons. Quant au candidat adverse, on tâchera de l'écraser en établissant par affirmation, répétition et contagion qu'il est le dernier des gredins, et que personne n'ignore qu'il a commis plusieurs crimes. Inutile, bien entendu, de chercher aucun semblant de preuve. Si l'adversaire connaît mal la psychologie des foules, il essaiera de se justifier par des arguments, au lieu de répondre simplement aux affirmations calomnieuses par d'autres affirmations également calomnieuses ; et n'aura dès lors aucune chance de triompher.

Le programme écrit du candidat ne doit pas être très catégorique, car ses adversaires pourraient le lui opposer plus tard ; mais son programme verbal ne saurait être trop excessif. Les réformes les plus considérables peuvent être promises sans crainte. Sur le moment, ces exagérations produisent beaucoup d'effet, et pour l'avenir n'engagent en rien. L'électeur ne se préoccupe nullement en effet par la suite de savoir si l'élu a suivi la profession de foi acclamée, et sur laquelle l'élection est supposée avoir eu lieu.

On reconnaît ici tous les facteurs de persuasion décrits plus haut. Nous allons les retrouver encore dans l'action des mots et des *formules* dont nous avons déjà montré le puissant empire, L'orateur qui sait les manier conduit les foules à son gré. Des expressions telles que : l'infâme capital, les vils exploiteurs, l'admirable ouvrier, la socialisation des richesses, etc., produisent toujours le même effet, bien qu'un peu usées déjà. Mais le candidat qui peut découvrir une formule neuve, bien dépourvue de sens précis, et par conséquent adaptable aux aspirations les plus diverses, obtient un succès infaillible. La sanglante révolution espagnole de 1873 fut faite avec un de ces mots magiques, au sens complexe, que chacun peut interpréter suivant son espoir. Un écrivain contemporain en a raconté la genèse en termes qui méritent d'être rapportés.

Les radicaux avaient découvert qu'une république unitaire est une monarchie déguisée, et, pour leur faire plaisir, les Cortès avaient proclamé d'une seule voix la république fédérale sans qu'aucun des votants eût pu dire ce qui venait d'être voté. Mais cette formule enchantait tout le monde, c'était un délire, une ivresse. On venait d'inaugurer sur la terre le règne de la vertu et du bonheur. Un républicain, a qui son ennemi refusait le titre de fédéral, s'en offensait comme d'une mortelle injure. On s'abordait dans les rues en se disant : *Salud y republica federal !*

Après quoi on entonnait des hymnes à la sainte indiscipline et à l'autonomie du soldat. Qu'était-ce que la « république fédérale » ? Les uns entendaient par là l'émancipation des provinces, des institutions pareilles à celles des États-Unis ou la décentralisation administrative ; d'autres visaient à l'anéantissement de toute autorité, à l'ouverture prochaine de la grande liquidation sociale. Les socialistes de Barcelone et de l'Andalousie prêchaient la souveraineté absolue des communes, ils entendaient donner à l'Espagne dix mille municipes indépendants, ne recevant de lois que d'eux-mêmes, en supprimant du même coup et l'armée et la gendarmerie. On vit bientôt dans les provinces du Midi l'insurrection se propager de ville en ville, de village en village. Dès qu'une commune avait fait son *pronunciamiento,* son premier soin était de détruire le télégraphe et les chemins de fer pour couper toutes ses communications avec ses voisins et avec Madrid. Il n'était pas de méchant bourg qui n'entendît faire sa cuisine à part. Le fédéralisme avait fait place à un cantonalisme brutal, incendiaire et massacreur, et partout se célébraient de sanglantes saturnales.

Quant à l'influence que des raisonnements pourraient exercer sur l'esprit des électeurs, il faudrait n'avoir jamais lu le compte rendu d'une réunion électorale pour n'être pas fixé à ce sujet. On y échange des affirmations, des invectives, parfois des horions, jamais des raisons. Si le silence s'établit un instant, c'est qu'un assistant au caractère difficile annonce qu'il va poser au candidat une de ces questions embarrassantes qui réjouissent toujours l'auditoire. Mais la satisfaction des opposants ne dure pas longtemps, car la voix du préopinant est bientôt couverte par les hurlements des adversaires. On peut considérer comme type des réunions publiques les comptes rendus suivants, pris entre des centaines d'autres semblables, et que j'emprunte à des journaux quotidiens :

Un organisateur ayant prié les assistants de nommer un président, l'orage se déchaîne. Les anarchistes bondissent sur la scène pour enlever le bureau d'assaut. Les socialistes le défendent avec énergie ; on se cogne, on se traite mutuellement de mouchards, vendus, etc., un citoyen se retire avec un œil poché.

Enfin, le bureau est installé tant bien que mal au milieu du tumulte, et la tribune reste au compagnon X…

L'orateur exécute une charge à fond de train contre les socialistes, qui l'interrompent en criant : « Crétin ! bandit ! canaille ! », etc., épithètes auxquelles le compagnon X… répond par l'exposé d'une théorie selon laquelle les socialistes sont des « idiots » ou des « farceurs ».

… Le parti allemaniste avait organisé, hier soir, à la salle du Commerce, rue du Faubourgdu-Temple, une grande réunion préparatoire à la Fête des Travailleurs du *1er* mai. Le mot d'ordre était : « Calme et tranquillité. »

Le compagnon G… traite les socialistes de « crétins » et de « fumistes ».

Sur ces mots, orateurs et auditeurs s'invectivent et en viennent aux mains ; les chaises, les bancs, les tables entrent en scène, etc.

N'imaginons pas que ce genre de discussion soit spécial à une classe déterminée d'électeurs, et résulte de leur situation sociale. Dans toute assemblée anonyme, fût-elle exclusivement composée de lettrés, la discussion revêt facilement les mêmes formes. J'ai montré que les hommes en foule tendent vers l'égalisation mentale, et à chaque instant nous en retrouvons la preuve. Voici, comme exemple, un extrait du compte rendu d'une réunion uniquement composée d'étudiants :

Le tumulte n'a fait que croître à mesure que la soirée s'avançait je ne crois pas qu'un seul orateur ait pu dire deux phrases sans être interrompu. À chaque instant les cris partaient d'un point ou de l'autre, ou de tous les points à la fois ; on applaudissait, on sifflait ; des discussions violentes s'engageaient entre divers auditeurs ; les cannes étaient brandies, menaçantes ; on frappait le plancher en cadence ; des clameurs poursuivaient les interrupteurs : « À la porte ! À la tribune ! »

M. C... prodigue à l'association les épithètes d'odieuse et lâche, monstrueuse, vile, vénale et vindicative, et déclare qu'il veut la détruire, etc.

On se demande comment, dans des conditions pareilles, peut se former l'opinion d'un électeur ? Mais poser une pareille question serait s'illusionner étrangement sur le degré de liberté dont jouit une collectivité. Les foules ont des opinions imposées, jamais des opinions raisonnées. Ces opinions et les votes des électeurs restent entre les mains de comités électoraux, dont les meneurs sont le plus souvent quelques marchands de vins, fort influents sur les ouvriers, auxquels ils font crédit. « Savez-vous ce qu'est un comité électoral, écrit un des plus vaillants défenseurs de la démocratie, M. Schérer ? Tout simplement la clef de nos institutions, la maîtresse pièce de la machine politique. La France est aujourd'hui gouvernée par les comités »[1].

Aussi n'est-il pas trop difficile d'agir sur eux, pour peu que le candidat soit acceptable et possède des ressources suffisantes. D'après les aveux des donateurs, trois millions suffirent pour obtenir les élections multiples du général Boulanger.

Telle est la psychologie des foules électorales. Elle est identique à celle des autres foules, ni meilleure ni pire.

Je ne tirerai donc de ce qui précède aucune conclusion contre le suffrage universel. Si j'avais à décider de son sort, je le conserverais

---

[1] Les comités, quels que soient leurs noms : clubs, syndicats, etc., constituent un des redoutables dangers de la puissance des foules. Ils représentent, en effet, la forme la plus impersonnelle, et, par conséquent, la plus oppressive de la tyrannie. Les meneurs qui dirigent les comités étant censés parler et agir au nom d'une collectivité sont dégagés de toute responsabilité et peuvent tout se permettre. Le tyran le plus farouche n'eût jamais osé rêver les proscriptions ordonnées par les comités révolutionnaires. Ils avaient, dit Barras, décimé et mis en coupe réglée la Convention. Robespierre fut maître absolu tant qu'il put parler en leur nom. Le jour où l'effroyable dictateur se sépara d'eux pour des questions d'amour-propre, marqua l'heure de sa ruine. Le règne des foules, c'est le règne des comités, par conséquent des meneurs. On ne saurait imaginer de despotisme plus dur.

tel qu'il est, pour des motifs pratiques découlant précisément de notre étude sur la psychologie des foules, et que je vais exposer, après avoir d'abord rappelé ses inconvénients.

Les inconvénients du suffrage universel sont évidemment trop visibles pour être méconnus. On ne saurait contester que les civilisations furent l'œuvre d'une petite minorité d'esprits supérieurs constituant la pointe d'une pyramide, dont les étages, s'élargissant à mesure que décroît la valeur mentale, représentent les couches profondes d'une nation. La grandeur d'une civilisation ne peut assurément dépendre du suffrage d'éléments inférieurs, représentant uniquement le nombre. Sans doute encore les suffrages des foules sont souvent bien dangereux. Ils nous ont déjà amené plusieurs invasions ; et avec le triomphe du socialisme, les fantaisies de la souveraineté populaire nous coûteront sûrement beaucoup plus cher encore.

Mais ces objections, théoriquement excellentes, perdent pratiquement toute leur force, si l'on veut se souvenir de la puissance invincible des idées transformées en dogmes. Le dogme de la souveraineté des foules est, au point de vue philosophique, aussi peu défendable que les dogmes religieux du Moyen Âge, mais il en a aujourd'hui l'absolue puissance. Il est donc aussi inattaquable que le furent jadis nos idées religieuses. Supposez un libre penseur moderne transporté par un pouvoir magique en plein Moyen Âge. Croyez-vous qu'en face de la puissance souveraine des idées religieuses régnant alors il eût tenté de les combattre ? Tombé dans les mains d'un juge, voulant le faire brûler sous l'imputation d'avoir conclu un pacte avec le diable, ou fréquenté le sabbat, eût-il songé à contester l'existence du diable et du sabbat ? On ne discute pas plus avec les croyances des foules qu'avec les cyclones. Le dogme du suffrage universel possède aujourd'hui le pouvoir qu'eurent jadis les dogmes chrétiens. Orateurs et écrivains en parlent avec un respect et des adulations que ne connut pas Louis XIV. Il faut donc se conduire à son égard comme à l'égard de tous les dogmes religieux. Le temps seul agit sur eux.

Essayer d'ébranler ce dogme serait d'autant plus inutile qu'il a des raisons apparentes pour lui : « Dans le temps d'égalité, dit justement Tocqueville, les hommes n'ont aucune foi les uns dans les autres, à cause de leur similitude ; mais cette même similitude leur donne une confiance presque illimitée dans le jugement du publie ; car il ne leur paraît pas vraisemblable qu'ayant tous des lumières pareilles, la vérité ne se rencontre pas du côté du plus grand nombre. »

Faut-il supposer maintenant qu'un suffrage restreint - restreint aux capacités, si l'on veut -améliorerait le vote des foules ? Je ne puis l'admettre un seul instant, et cela pour les motifs signalés plus haut de l'infériorité mentale de toutes les collectivités, quelle que puisse être leur composition. En foule, je le répète, les hommes s'égalisent toujours, et, sur des questions générales, le suffrage de quarante académiciens n'est pas meilleur que celui de quarante porteurs d'eau. Je ne crois pas qu'aucun des votes tant reprochés au suffrage universel, le rétablissement de l'Empire, par exemple, eût différé avec des votants recrutés exclusivement parmi des savants et des lettrés. Le fait, pour un individu, de savoir le grec ou les mathématiques, d'être architecte, vétérinaire, médecin ou avocat, ne le dote pas, sur les questions de sentiments, de clartés particulières. Tous nos économistes sont des gens instruits, professeurs et académiciens pour la plupart. Est-il une seule question générale, le protectionnisme, par exemple, qui les ait trouvés d'accord ? Devant des problèmes sociaux, pleins de multiples inconnues, et dominés par la logique mystique ou la logique affective, toutes les ignorances s'égalisent.

Si donc des gens bourrés de science composaient à eux seuls le corps électoral, leurs votes ne seraient pas meilleurs que ceux d'aujourd'hui. Ils se guideraient surtout d'après leurs sentiments et l'esprit de leur parti. Nous n'aurions aucune des difficultés actuelles en moins, et sûrement en plus la lourde tyrannie des castes.

Restreint ou général, sévissant dans un pays républicain ou dans un pays monarchique, pratiqué en France, en Belgique, en Grèce, en Portugal ou en Espagne, le suffrage des foules est partout semblable, et traduit souvent les aspirations et les besoins inconscients de la race. La moyenne des élus représente pour chaque nation l'âme moyenne de sa race. D'une génération à l'autre on la retrouve à peu près identique.

Et c'est ainsi qu'une fois encore nous retombons sur cette notion fondamentale de race, déjà rencontrée si souvent, et sur cette autre dérivée de la première qu'institutions et gouvernements jouent un rôle très faible dans la vie des peuples. Ces derniers sont surtout conduits par l'âme de leur race, c'est-à-dire par les résidus ancestraux dont cette âme est la somme. La race et l'engrenage des nécessités quotidiennes, tels sont les maîtres mystérieux qui régissent nos destinées.

# Chapitre V

# Les assemblées parlementaires

Les assemblées parlementaires représentent des foules hétérogènes non anonymes. Malgré leur recrutement, variable suivant les époques et les peuples, elles se ressemblent beaucoup par leurs caractères. L'influence de la race s'y fait sentir, pour atténuer ou exagérer, mais non pour empêcher la manifestation de ces caractères. Les assemblées parlementaires des contrées les plus différentes, celles de Grèce, d'Italie, de Portugal, d'Espagne, de France et d'Amérique, présentent dans leurs discussions et leurs votes de grandes analogies et laissent les gouvernements aux prises avec des difficultés identiques.

Le régime parlementaire synthétise d'ailleurs l'idéal de tous les peuples civilisés modernes. Il traduit cette idée psychologiquement erronée mais généralement admise, que beaucoup d'hommes réunis sont bien plus capables qu'un petit nombre, d'une décision sage et indépendante sur un sujet donné.

Nous retrouvons dans les assemblées parlementaires les caractéristiques générales des foules : simplisme des idées, irritabilité, suggestibilité, exagération des sentiments, influence prépondérante des meneurs. Mais, en raison de leur composition spéciale, les foules parlementaires présentent quelques différences. Nous les indiquerons bientôt.

Le simplisme des opinions est une de leurs caractéristiques bien marquées. On y rencontre dans tous les partis, chez les peuples latins principalement, une tendance invariable à résoudre les problèmes sociaux les plus compliqués par les principes abstraits les plus simples, et par des lois générales applicables à tous les cas. Les principes varient naturellement avec chaque parti ; mais, par le fait seul que les individus sont en foule, ils tendent toujours à exagérer la valeur de ces principes et à les pousser jusqu'à leurs dernières conséquences. Aussi les parlements représentent-ils surtout des opinions extrêmes.

Le type le plus parfait du simplisme des assemblées fut réalisé par les Jacobins de notre grande Révolution. Tous dogmatiques et logiques, la cervelle remplie de généralités vagues, ils s'occupaient des principes fixes sans souci des événements ; et on a pu dire très justement qu'ils avaient traversé la Révolution sans la voir. Avec quelques dogmes, ils s'imaginaient refaire une société de toutes pièces, et ramener une civilisation raffinée à une phase très antérieure de l'évolution sociale. Leurs moyens pour réaliser ce rêve étaient également empreints d'un absolu simplisme. Ils se bornaient, en effet, à détruire violemment les obstacles qui les gênaient.

Tous, d'ailleurs : Girondins, Montagnards, Thermidoriens, etc., étaient animés du même esprit.

Les foules parlementaires sont très suggestibles ; et, comme toujours, la suggestion émane de meneurs auréolés de prestige ; mais, dans les assemblées parlementaires, la suggestibilité a des limites très nettes qu'il importe de marquer.

Sur toutes les questions d'intérêt local, chaque membre d'une assemblée possède des opinions fixes, irréductibles, et qu'aucune argumentation ne pourrait ébranler. Le talent d'un Démosthène n'arriverait pas à modifier le vote d'un député sur des questions telles que le protectionnisme ou le privilège des bouilleurs de cru, qui représentent des exigences d'électeurs influents. La suggestion antérieure de ces électeurs est assez prépondérante pour annuler toutes les autres, et maintenir une fixité absolue d'opinion[1].

Sur des questions générales : renversement d'un ministère, établissement d'un impôt, etc., la fixité d'opinion disparaît, et les suggestions des meneurs peuvent agir, mais pas tout à fait comme dans une foule ordinaire. Chaque parti a ses meneurs, qui exercent parfois une égale influence. Le député se trouve donc entre des suggestions contraires et devient fatalement très hésitant. Aussi le voit-on souvent, à un quart d'heure de distance, voter de façon contraire, ajouter à une loi un article qui la détruit : ôter, par exemple, aux industriels le droit de choisir et de congédier leurs ouvriers, puis annuler à peu près cette mesure par un amendement.

Et c'est pourquoi, à chaque législature, une Chambre manifeste des opinions très fixes et d'autres très indécises. Au fond, les questions générales étant les plus nombreuses, c'est l'indécision qui domine, indécision entretenue par la crainte constante de l'électeur, dont la suggestion latente arrive toujours à contrebalancer l'influence des meneurs.

Ces derniers sont cependant en définitive les vrais maîtres dans les discussions où les membres d'une assemblée n'ont pas d'opinions antérieures bien arrêtées.

La nécessité des meneurs est évidente puisque, sous le nom de chefs de groupes, on les retrouve dans tous les pays. Ils sont les vrais souverains des assemblées. Les hommes en foule ne sauraient se

---

[1]C'est à ces opinions antérieurement fixées et rendues irréductibles par des nécessités électorales, que s'applique sans doute cette réflexion d'un vieux parlementaire anglais : Depuis cinquante ans que je siège à Westminster, j'ai entendu des milliers de discours ; il en est peu qui aient changé mon opinion ; mais pas un seul n'a changé mon vote. »

passer de maître, c'est pourquoi les votes d'une assemblée ne représentent généralement que les opinions d'une petite minorité.

Les meneurs, nous le répétons, agissent très peu par leurs raisonnements, beaucoup par leur prestige. Qu'une circonstance quelconque les en dépouille, ils n'ont plus d'influence.

Ce prestige des meneurs est individuel et ne tient ni au nom ni à la célébrité. M. Jules Simon, parlant des grands hommes de l'Assemblée de *1848,* où il siégea, en donne de bien curieux exemples.

Deux mois avant d'être tout-puissant, Louis-Napoléon n'était rien.

Victor Hugo monta à la tribune. Il n'y eut pas de succès. On l'écouta, comme on écoutait Félix Pyat ; on ne l'applaudit pas autant. « Je n'aime pas ses idées, me dit Vaulabelle, en parlant de Félix Pyat ; mais c'est un des plus grands écrivains et le plus grand orateur de la France. » Edgar Quinet, ce rare et puissant esprit, n'était compté pour rien. Il avait eu son moment de popularité avant l'ouverture de l'Assemblée ; dans l'assemblée, il n'en eut aucune.

Les assemblées politiques sont le lieu de la terre où l'éclat du génie se fait le moins sentir. On n'y tient compte que d'une éloquence appropriée au temps et au lieu, et des services rendus non à la patrie, mais aux partis. Pour qu'on rendît hommage à Lamartine en 1848 et à Thiers en 1871, il fallut le stimulant de l'intérêt urgent, inexorable. Le danger passé, on fut guéri à la fois de la reconnaissance et de la peur.

J'ai reproduit ce passage pour les faits qu'il contient, mais non pour les explications qu'il propose. Elles sont d'une psychologie médiocre. Une foule perdrait aussitôt son caractère de foule si elle tenait compte aux meneurs des services rendus, soit à la patrie, soit aux partis. La foule subit le prestige du meneur et ne fait intervenir dans sa conduite aucun sentiment d'intérêt ou de reconnaissance.

Le meneur doué d'un prestige suffisant possède un pouvoir presque absolu. On sait l'influence immense qu'un député célèbre exerça pendant de longues années, grâce à son prestige, perdu ensuite momentanément à la suite de certains événements financiers. Sur un simple signe de lui, les ministres étaient renversés. Un écrivain a marqué nettement dans les lignes suivantes la portée de son action.

C'est à M. C... principalement que nous devons d'avoir acheté le Tonkin trois fois plus cher qu'il n'aurait dû coûter, de n'avoir pris dans Madagascar qu'un pied incertain, de nous être laissé frustrer de tout un empire sur le bas Niger, d'avoir perdu la situation pré-

pondérante que nous occupions en Égypte. - Les théories de M. C...
nous ont coûté plus de territoires que les désastres de Napoléon 1er.

Il ne faudrait pas trop en vouloir au meneur en question. Il nous
a coûté fort cher évidemment ; mais une grande partie de son influence tenait à ce qu'il suivait l'opinion publique, qui, en matière
coloniale, n'était nullement alors ce qu'elle est devenue aujourd'hui.
Un meneur précède rarement l'opinion, et il se borne le plus souvent
à en adopter les erreurs.

Les moyens de persuasion des meneurs, après le prestige, sont les
facteurs que nous avons déjà énumérés plusieurs fois. Pour les manier habilement, le meneur doit avoir pénétré, au moins d'une façon
inconsciente, la psychologie des foules, et savoir comment leur parler, connaître surtout la fascinante influence des mots, des formules
et des images. Il lui faut posséder une éloquence spéciale, composée
d'affirmations énergiques et d'images impressionnantes encadrées
de raisonnements fort sommaires. Ce genre d'éloquence se rencontre
dans toutes les assemblées, y compris le parlement anglais, le plus
pondéré pourtant de tous.

« Nous pouvons lire constamment, dit le philosophe anglais
Maine, des débats à la Chambre des Communes où toute la discussion consiste à échanger des généralités assez faibles et des personnalités assez violentes. Sur l'imagination d'une démocratie pure, ce
genre de formules générales exerce un effet prodigieux. Il sera toujours aisé de faire accepter à une foule des assertions générales présentées en termes saisissants, quoiqu'elles n'aient jamais été véri-
fiées et ne soient peut-être susceptibles d'aucune vérification. »

L'importance des « termes saisissants », indiqués dans la citation
précédente, ne saurait être exagérée. Nous avons plusieurs fois déjà
insisté sur la puissance spéciale des mots et des formules choisis de
façon à ce qu'ils évoquent des images très vives. La phrase suivante,
empruntée au discours d'un meneur d'assemblée, en constitue un
excellent spécimen :

« Le jour où le même navire emportera vers les terres fiévreuses
de la relégation le politicien véreux et l'anarchiste meurtrier, ils
pourront lier conversation et ils s'apparaîtront l'un à l'autre comme
les deux aspects complémentaires d'un même ordre social. »

L'image ainsi évoquée est nette, frappante, et tous les adversaires
de l'orateur se sentent menacés par elle. Ils voient du même coup les
pays fiévreux, le bâtiment qui pourra les emporter, car ne font-ils
pas peut-être partie de la catégorie assez mal limitée des politiciens
menacés ? Ils éprouvent alors la sourde crainte que devaient ressen-
tir les Conventionnels, plus ou moins menacés du couperet de la

guillotine, par les vagues discours de Robespierre et que cette crainte faisait lui céder toujours.

Les meneurs ont intérêt à verser dans les plus invraisemblables exagérations. L'orateur, dont je viens de citer une phrase, a pu affirmer, sans soulever de grandes protestations, que les banquiers et les prêtres soudoyaient les lanceurs de bombes, et que les administrateurs des grandes compagnies financières méritent les mêmes peines que les anarchistes. Sur les foules, de pareils moyens agissent toujours. L'affirmation n'est jamais trop furieuse, ni la déclamation trop menaçante. Rien n'intimide plus les auditeurs. En protestant, ils craignent de passer pour traîtres ou complices.

Cette éloquence spéciale a régné, je le disais à l'instant, sur toutes les assemblées, et dans les périodes critiques, elle ne fait que s'accentuer. La lecture des discours des grands orateurs de la Révolution est fort intéressante à ce point de vue. Ils se croyaient obligés de s'interrompre à tout instant pour flétrir le crime et exalter la vertu ; puis éclataient en imprécation contre les tyrans, et juraient de vivre libres ou de mourir. L'assistance se levait, applaudissait avec fureur, puis, calmée, se rasseyait.

Le meneur peut être quelquefois intelligent et instruit ; mais cela lui est généralement plus nuisible qu'utile. En démontrant la complexité des choses, et permettant d'expliquer et de comprendre, l'intelligence rend indulgent, et émousse fortement l'intensité et la violence des convictions nécessaires aux apôtres. Les grands meneurs de tous les âges, ceux de la Révolution principalement, ont été fort bornés et exercèrent cependant une grande action.

Les discours du plus célèbre d'entre eux, Robespierre, stupéfient souvent par leur incohérence. À la lecture, on n'y trouve aucune explication plausible du rôle immense du puissant dictateur :

Lieux communs et redondance de l'éloquence pédagogique et de la culture latine au service d'une âme plutôt puérile que plate, et qui semble se borner, dans l'attaque ou la défense, au : « Viens-y donc ! » des écoliers. Pas une idée, pas un tour, pas un trait, c'est l'ennui dans la tempête. Quand on sort de cette lecture morne, on a envie de pousser le ouf ! de l'aimable Camille Desmoulins.

Il est effrayant de songer au pouvoir que confère à un homme entouré de prestige une conviction forte, unie à une extrême étroitesse d'esprit. Ces conditions sont cependant nécessaires pour ignorer les obstacles et savoir vouloir. D'instinct, les foules reconnaissent dans ces convaincus énergiques le maître qu'il leur faut.

Dans une assemblée parlementaire, le succès d'un discours dépend presque uniquement du prestige de l'orateur, et nullement des raisons qu'il propose.

L'orateur inconnu arrivant avec un discours rempli de bonnes raisons, mais seulement de raisons, n'a aucune chance d'être seulement écouté.

Un ancien député, M. Descubes, a tracé dans les lignes suivantes l'image du législateur sans prestige :

Quand il a pris place à la tribune, il tire de sa serviette un dossier qu'il étale méthodiquement devant lui et débute avec assurance.

Il se flatte de faire passer dans l'âme des auditeurs la conviction qui l'anime. Il a pesé et repesé ses arguments, il est tout bourré de chiffres et de preuves ; il est sûr d'avoir raison. Toute résistance, devant l'évidence qu'il apporte, sera vaine. Il commence, confiant dans son bon droit et aussi dans l'intention de ses collègues, qui certainement ne demandent qu'à s'incliner devant la vérité.

Il parle, et, tout de suite, il est surpris du mouvement de la salle, un peu agacé par le brouhaha qui s'en élève.

Comment le silence ne se fait-il pas ? Pourquoi cette inattention générale ? À quoi pensent donc ceux-là qui causent entre eux ? Quel motif si urgent fait quitter sa place à cet autre ?

Une inquiétude passe sur son front. Il fronce les sourcils, s'arrête. Encouragé par le président, il repart, haussant la voix. On ne l'en écoute que moins. Il force le ton, il s'agite : le bruit redouble autour de lui. Il ne s'entend plus lui-même, s'arrête encore puis, craignant que son silence ne provoque le fâcheux cri de : Clôture il reprend de plus belle. Le vacarme devient insupportable.

Les assemblées parlementaires montées à un certain degré d'excitation, deviennent identiques aux foules hétérogènes ordinaires, et leurs sentiments présentent par conséquent la particularité d'être toujours extrêmes. On les verra se porter à des actes d'héroïsme ou aux pires excès. L'individu cesse d'être lui-même, et votera les mesures les plus contraires à ses intérêts personnels.

L'histoire de la Révolution montre à quel point les assemblées peuvent devenir inconscientes et subir les suggestions opposées à leurs intérêts. C'était un sacrifice énorme pour la noblesse de renoncer à ses privilèges, et pourtant, dans une nuit célèbre de la Constituante, elle l'accomplit sans hésiter. C'était une menace permanente de mort pour les Conventionnels de renoncer à leur inviolabilité, et pourtant ils le firent et ne craignirent pas de se décimer réciproquement, sachant bien cependant que l'échafaud où se voyaient conduits aujourd'hui des collègues leur était réservé demain. Mais arrivés à ce degré d'automatisme complet que j'ai décrit, aucune considération ne pouvait les empêcher de céder aux suggestions qui les hypnotisaient. Le passage suivant des mémoires de l'un d'eux, Billaud-Varennes, est absolument typique sur ce point : « Les décisions que l'on nous reproche tant, dit-il, *nous ne les voulions pas le plus souvent deux jours, un jour auparavant : la crise seule les suscitait.* » *Rien* n'est plus juste.

Les mêmes phénomènes d'inconscience se manifestèrent pendant toutes les séances orageuses de la Convention.

Ils approuvent et décrètent, dit Taine, ce dont ils ont horreur, non seulement les sottises et les folies, mais les crimes, le meurtre des innocents, le meurtre de leurs amis. À l'unanimité et avec les plus vifs applaudissements la gauche, réunie à la droite, envoie à l'échafaud Danton, son chef naturel, le grand promoteur et conducteur de la Révolution. À l'unanimité et avec les plus grands applaudissements, la droite, réunie à la gauche, vote les pires décrets du gouvernement révolutionnaire. À l'unanimité, et avec des cris d'admiration et d'enthousiasme, avec des témoignages de sympathie passionnée pour Collot d'Herbois, pour Couthon et pour Robespierre, la Convention par des réélections spontanées et multiples, maintient en place le gouvernement homicide que la Plaine déteste parce qu'il est homicide, et que la Montagne déteste parce qu'il la décime. Plaine et Montagne, la majorité et la minorité, finissent par consentir à aider à leur propre suicide. Le 22 prairial, la Convention tout entière a tendu la gorge ; le 8 thermidor, pendant le premier quart d'heure qui a suivi le discours de Robespierre, elle l'a tendue encore.

Le tableau peut paraître sombre. Il est exact pourtant. Les assemblées parlementaires suffisamment excitées et hypnotisées présentent les mêmes caractères. Elles deviennent un troupeau mobile obéissant à toutes les impulsions. La description suivante de l'Assemblée de 1848, due à un parlementaire dont on ne suspectera pas la foi démocratique, M. Spuller, et que je reproduis d'après la *Revue littéraire,* est bien typique. On y retrouve tous les sentiments exagérés que j'ai décrits dans les foules, et cette mobilité excessive permettant de passer d'un instant à l'autre par la gamme des sentiments les plus contraires.

Les divisions, les jalousies, les soupçons, et tour à tour la confiance aveugle et les espoirs illimités ont conduit le parti républicain à sa perte. Sa naïveté et sa candeur n'avaient d'égal que sa défiance universelle. Aucun sens de la légalité, nulle intelligence de la discipline : des terreurs et des illusions sans bornes : le paysan et l'enfant se rencontrent en ce point. Leur calme rivalise avec leur impatience.

Leur sauvagerie est pareille à leur docilité. C'est le propre d'un tempérament qui n'est point fait et d'une éducation absente. Rien ne les étonne et tout les déconcerte. Tremblants, peureux, intrépides, héroïques, ils se jetteront à travers les flammes et ils reculeront devant une ombre.

Ils ne connaissent point les effets et les rapports des choses. Aussi prompts aux découragements qu'aux exaltations, sujets à toutes les paniques, toujours trop haut ou trop bas, jamais au degré qu'il faut et dans la mesure qui convient. Plus fluides que l'eau, ils reflètent toutes les couleurs et prennent toutes les formes. Quelle base de gouvernement pouvait-on espérer d'asseoir en eux ?

Fort heureusement, tous les caractères que nous venons de décrire dans les assemblées parlementaires ne se manifestent pas constamment. Elles ne sont foules qu'à certains moments. Les individus qui les composent arrivent à garder leur individualité dans un grand nombre de cas, et c'est pourquoi une assemblée peut élaborer des lois techniques excellentes. Ces lois sont, il est vrai, préparées par un spécialiste dans le silence du cabinet ; et la loi votée est en réalité l'œuvre d'un individu, et non plus celle d'une assemblée. Ces lois sont naturellement les meilleures. Elles ne deviennent désastreuses que lorsqu'une série d'amendements malheureux les rendent collectives. L'œuvre d'une foule est partout et toujours inférieure à celle d'un individu isolé. Seuls, les spécialistes sauvent les assemblées des mesures trop désordonnées et trop inexpérimentées. Ils deviennent alors des meneurs momentanés. L'assemblée n'agit pas sur eux et ils agissent sur elle.

Malgré toutes les difficultés de leur fonctionnement, les assemblées parlementaires représentent la meilleure méthode que les peuples aient encore trouvée pour se gouverner et surtout pour se soustraire le plus possible au joug des tyrannies personnelles. Elles sont certainement l'idéal d'un gouvernement, au moins pour les philosophes, les penseurs, les écrivains, les artistes et les savants, en un mot pour tout ce qui constitue le sommet d'une civilisation. Elles ne présentent d'ailleurs que deux dangers sérieux, le gaspillage forcé des finances et une restriction progressive des libertés individuelles.

Le premier de ces dangers est la conséquence forcée des exigences et de l'imprévoyance des foules électorales. Qu'un membre d'une assemblée propose quelque mesure donnant satisfaction apparente à des idées démocratiques, assurer, par exemple, des retraites à tous les ouvriers, augmenter le traitement des cantonniers, des instituteurs, etc., les autres députés, suggestionnés par la crainte des électeurs, n'oseront pas avoir l'air de dédaigner les intérêts de ces derniers en repoussant la mesure proposée. Ils savent pourtant qu'elle grèvera lourdement le budget et nécessitera la création de nouveaux impôts. Hésiter dans le vote est impossible. Alors que les conséquences de l'accroissement des dépenses sont lointaines et sans résultats bien fâcheux pour eux, les conséquences d'un vote négatif pourraient, au contraire, apparaître clairement le jour prochain où il faudra se représenter devant l'électeur.

À cette première cause d'exagération des dépenses, se joint une autre, non moins impérative : l'obligation d'accorder toutes les dépenses d'intérêt purement local. Un député ne saurait s'y opposer, car elles représentent encore des exigences d'électeurs, et chaque député ne peut obtenir ce dont il a besoin pour sa circonscription qu'à la condition de céder aux demandes analogues de ses collègues[1]. Le second des dangers mentionnés plus haut, la restriction forcée des libertés par les assemblées parlementaires, moins visible en apparence, est cependant fort réel. Il résulte des innombrables lois, toujours restrictives, dont les parlements, avec leur esprit simpliste, voient mal les conséquences, et qu'ils se croient obligés de voter.

---

[1] Dans son numéro du 6 avril 1895, *l'Économiste* faisait une revue curieuse de ce que peuvent coûter en une année ces dépenses d'intérêt purement électoral, notamment celles des chemins de fer. Pour relier Langayes (ville de trois mille habitants), juchée sur une montagne, au Puy, vote d'un chemin de fer qui coûtera quinze millions. Pour relier Beaumont (trois mille cinq cents habitants) à Castel-Sarrazin, sept millions. Pour relier le village de Ous (cinq cent vingt-trois habitants) à celui de Seix (mille deux cents habitants), sept millions. Pour relier Prades à la bourgade d'Olette (sept cent quarante-sept habitants), six millions, etc. Rien que pour 1895, nonante millions de voies ferrées dépourvues de tout intérêt général ont été votés. D'autres dépenses de nécessités également électorales ne sont pas moins importantes. La loi sur les retraites ouvrières coûtera bientôt un minimum annuel de cent soixante-cinq millions d'après le ministre des Finances, et de huit cents millions suivant l'académicien Leroy-Beaulieu. La progression continue de telles dépenses a forcément pour issue la faillite. Beaucoup de pays en Europe : le Portugal, la Grèce, l'Espagne, la Turquie, y sont arrivés ; d'autres vont y être acculés bientôt ; mais faut-il beaucoup s'en préoccuper, puisque le public a successivement accepté sans grandes protestations la réduction des quatre cinquièmes dans le paiement des coupons par divers pays. Ces ingénieuses faillites permettent alors de remettre instantanément les budgets avariés en équilibre. Les guerres, le socialisme, les luttes économiques nous préparent d'ailleurs de bien autres catastrophes, et à l'époque de désagrégation universelle *où* nous sommes entrés, il faut se résigner à vivre au jour le jour sans trop se soucier de lendemains qui nous échappent.

Ce danger doit être bien inévitable, puisque l'Angleterre elle-même, où s'observe assurément le type le plus parfait du régime parlementaire, et où le représentant est le plus indépendant de son électeur, n'a pas réussi à s'y soustraire. Herbert Spencer, dans un travail déjà ancien, avait montré que l'accroissement de la liberté apparente devait être suivi d'une diminution de la liberté réelle. Reprenant la même thèse dans son livre *L'individu contre l'État* il s'exprime ainsi au sujet du parlement anglais :

Depuis cette époque, la législation a suivi le cours que j'indiquais. Des mesures dictatoriales, se multipliant rapidement, ont continuellement tendu à restreindre les libertés individuelles, et cela de deux manières : des réglementations ont été établies, chaque année en plus grand nombre, qui imposent une contrainte au citoyen là où ses actes étaient auparavant complètement libres, et le forcent à accomplir des actes qu'il pouvait auparavant accomplir ou ne pas accomplir, à volonté. En même temps des charges publiques, de plus en plus lourdes, surtout locales, ont restreint davantage sa liberté en diminuant cette portion de ses profits qu'il peut dépenser à sa guise, et en augmentant la portion qui lui est enlevée pour être dépensée selon le bon plaisir des agents publics.

Cette réduction progressive des libertés se manifeste pour tous les pays sous une forme spéciale, que Herbert Spencer n'a pas indiquée : la création d'innombrables mesures législatives, toutes généralement d'ordre restrictif, conduit nécessairement à augmenter le nombre, le pouvoir et l'influence des fonctionnaires chargés de les appliquer. Ils tendent ainsi à devenir les véritables maîtres des pays civilisés. Leur puissance est d'autant plus grande que, dans les incessants changements de gouvernements, la caste administrative échappant à ces changements, possède seule l'irresponsabilité, l'impersonnalité et la perpétuité. Or, de tous les despotismes, il n'en est pas de plus lourds que ceux qui se présentent sous cette triple forme.

La création incessante de lois et de règlements restrictifs entourant des formalités les plus byzantines les moindres actes de la vie, a pour résultat fatal de rétrécir progressivement la sphère dans laquelle les citoyens peuvent se mouvoir librement.

Victimes de cette illusion qu'en multipliant les lois, l'égalité et la liberté se trouvent mieux assurées, les peuples acceptent chaque jour de plus pesantes entraves.

Ce n'est pas impunément qu'ils les acceptent. Habitués à supporter tous les jougs, ils finissent bientôt par les rechercher, et, perdre toute spontanéité et toute énergie. Ce ne sont plus que des ombres vaines, des automates passifs, sans volonté, sans résistance et sans force.

Mais les ressorts qu'il ne trouve plus en lui-même, l'homme est alors bien forcé de les chercher ailleurs. Avec l'indifférence et l'impuissance croissantes des citoyens, le rôle des gouvernements est obligé de grandir encore. Ces derniers doivent avoir forcément l'esprit d'initiative, d'entreprise et de conduite que les particuliers ont perdu. Il leur faut tout entreprendre, tout diriger, tout protéger. L'État devient alors un dieu tout-puissant. Mais l'expérience enseigne que le pouvoir de telles divinités ne fut jamais ni bien durable ni bien fort.

La restriction progressive de toutes les libertés chez certains peuples, malgré une licence qui leur donne l'illusion de les posséder, semble résulter de leur vieillesse tout autant que d'un régime quelconque. Elle constitue un des symptômes précurseurs de cette phase de décadence à laquelle aucune civilisation n'a pu échapper jusqu'ici.

Si l'on en juge par les enseignements du passé et par des symptômes éclatant de toutes parts, plusieurs de nos civilisations modernes sont arrivées à la période d'extrême vieillesse qui précède la décadence. Certaines évolutions semblent fatales pour tous les peuples, puisque l'on voit si souvent l'histoire en répéter le cours.

Il est facile de marquer sommairement les phases de ces évolutions. C'est avec leur résumé que se terminera notre ouvrage.

Si nous envisageons dans leurs grandes lignes la genèse de la grandeur et de la décadence des civilisations qui ont précédé la nôtre, que voyons-nous ?

À l'aurore de ces civilisations, une poussière d'hommes, d'origines variées, réunie par les hasards des migrations, des invasions et des conquêtes. De sangs divers, de langues et de croyances également diverses, ces hommes n'ont de lien commun que la loi à demi reconnue d'un chef. Dans leurs agglomérations confuses se retrouvent au plus haut degré les caractères psychologiques des foules. Elles en ont la cohésion momentanée, les héroïsmes, les faiblesses, les impulsions et les violences. Rien de stable en elles. Ce sont des barbares.

Puis le temps accomplit son œuvre. L'identité de milieux, la répétition des croisements, les nécessités d'une vie commune agissent lentement. L'agglomération d'unités dissemblables commence à se fusionner et à former une race, c'est-à-dire un agrégat possédant des caractères et des sentiments communs, que l'hérédité fixera progressivement. La foule est devenue un peuple, et ce peuple va pouvoir sortir de la barbarie.

Il n'en sortira tout à fait pourtant que lorsque après de longs efforts, des luttes sans cesse répétées et d'innombrables recommencements, il aura acquis un idéal. Peu importe la nature de cet idéal. Que ce soit le culte de Home, la puissance d'Athènes ou le triomphe d'Allah, il suffira pour doter tous les individus de la race en voie de formation d'une parfaite unité de sentiments et de pensées.

C'est alors que peut naître une civilisation nouvelle avec ses institutions, ses croyances et ses arts. Entraînée par son rêve, la race acquerra successivement tout ce qui donne l'éclat, la force et la grandeur. Elle sera foule encore sans doute à certaines heures, mais, derrière les caractères mobiles et changeants des foules, se trouvera ce substratum solide, l'âme de la race, qui limite étroitement les oscillations d'un peuple et règle le hasard.

Mais, après avoir exercé son action créatrice, le temps commence cette œuvre de destruction à laquelle n'échappent ni les dieux ni les hommes. Arrivée à un certain niveau de puissance et de complexité, la civilisation cesse de grandir, et, dès qu'elle ne grandit plus, elle est condamnée à décliner rapidement. L'heure de la vieillesse va sonner bientôt.

Cette heure inévitable est toujours marquée par l'affaiblissement de l'idéal qui soutenait l'âme de la race. À mesure que cet idéal pâlit, tous les édifices religieux, politiques ou sociaux dont il était l'inspirateur commencent à s'ébranler.

Avec l'évanouissement progressif de son idéal, la race perd de plus en plus ce qui faisait sa cohésion, son unité et sa force. L'individu peut croître en personnalité et en intelligence, mais en même temps aussi l'égoïsme collectif de la race est remplacé par un développement excessif de l'égoïsme individuel accompagné de l'affaissement du caractère et de l'amoindrissement des aptitudes à l'action. Ce qui formait un peuple, une unité, un bloc, finit par devenir une agglomération d'individus sans cohésion et que maintiennent artificiellement pour quelque temps encore les traditions et les institutions. C'est alors que divisés par leurs intérêts et leurs aspirations, ne sachant plus se gouverner, les hommes demandent à être dirigés dans leurs moindres actes, et que l'État exerce son influence absorbante.

Avec la perte définitive de l'idéal ancien, la race finit par perdre aussi son âme. Elle n'est plus qu'une poussière d'individus isolés et redevient ce qu'elle était à son point de départ : une foule. Elle en présente tous les caractères transitoires sans consistance et sans lendemain. La civilisation n'a plus aucune fixité et tombe à la merci de tous les hasards. La plèbe est reine et les barbares avancent. La civilisation peut sembler brillante encore parce qu'elle conserve la façade extérieure créée par un long passé, mais c'est en réalité un édifice vermoulu que rien ne soutient plus et qui s'effondrera au premier orage.

Passer de la barbarie à la civilisation en poursuivant un rêve, puis décliner et mourir dès que ce rêve a perdu sa force, tel est le cycle de la vie d'un peuple.

Yoann Laurent Rouault est le directeur littéraire et artistique de la maison d'édition JDH. Maître des Beaux-Arts, ancien des métiers de la publicité et de la communication, ancien dessinateur de presse, il est aujourd'hui illustrateur, auteur, biographe, producteur, éditorialiste et rédacteur en chef de la revue littéraire *L'Édredon* de JDH Éditions. Voici un aperçu de ses publications les plus récentes et de quelques-unes de ses collaborations.

## Les livres illustrés par Yoann Laurent-Rouault pour JDH Éditions

- JDH ÉDITIONS. **Le collector 1984**, d'après George Orwell.
- JDH ÉDITIONS. **Trois siècles de pensée économique**, de Nicolas Piluso, collection « Les Pros de l'Éco ».
- JDH ÉDITIONS. **La belle équipe du football français**, de Y. Laurent-Rouault, J.-D. Haddad & B. Rousseau, collection « Sporting Club ».
- JDH ÉDITIONS. **Bourse de Paris : 10 grands patrons, 10 grandes histoires**, de Y. Laurent-Rouault, J.-D. Haddad et B. Rousseau, collection « Les Pros de l'Éco ».
- JDH ÉDITIONS. **L'ombre d'Ulysse** (haïkus), de Jean-Hughes Chevy, collection « Nouvelles Pages » (à paraître).
- JDH ÉDITIONS. **Mona Nova**, C. Fourrier, collection « Nouvelles pages » (à paraître).

## Romans, théâtre et pamphlets écrits par Y. Laurent-Rouault

- JDH ÉDITIONS. **Le conard nu**, roman, collection « Magnitudes ».
- JDH ÉDITIONS. **Tu n'iras pas à l'école mon fils**, pamphlet, collection « Uppercut ».
- JDH ÉDITIONS. **Coronavirus, la dictature sanitaire**, pamphlet (collectif), collection « Uppercut ».
- JDH ÉDITIONS. **Le roman en pièce ou la petite cuillère de porcelaine rouge**, théâtre., collection « Drôles de pages ».
- JDH ÉDITIONS. **Les 84 marches**, roman d'anticipation, collection « Black Files ».
- JDH ÉDITIONS. **L'anatomie de la Marguerite**, recueil, collection « My Feel Good »
- 6 nouvelles sur différents collectifs et thématiques.

**Adaptation :**

> JDH ÉDITIONS. **La tragédie de Fidel Castro**, de João Cerqueira. Winner USA Best Book Awards & Beverly Hills Book Awards, collection « Magnitudes ».

**Les Livres sur mesure/Livres d'entreprises
écrits par Yoann Laurent-Rouault chez JDH Éditions**

> JDH ÉDITIONS. **Immigration mon amour**, biographie de Lamia Aamou, collection « Baraka ».
> JDH ÉDITIONS. **Biographie d'Adnan el Bakri**, chirurgien et président de la commission sur l'intelligence artificielle en médecine, collection « Baraka » (à paraître).
> JDH ÉDITIONS. **Biographie de Fares Zlitni** (à paraître).
> JDH ÉDITIONS. **Plongeurs démineurs**, Guillaume Garnier.
> JDH ÉDITIONS. **De Bocuse à la Corrèze : Itinéraire d'un enfant gourmand**, Benoit Ducher.

**Dossiers documentaires (illustrés) et préfaces documentées
Collection « Les Atemporels »**

16 titres sur des œuvres classiques de Gide (x2), Alain, Éluard, Fitzgerald, Guénon, Verne, Zola, Baudelaire, Rousseau, Allais, Pouchkine, Apollinaire, De Coubertin, Daudet et Kardec, parus ou à paraître.

À découvrir ou redécouvrir

Une nouvelle traduction exclusive à JDH Éditions

George
# ORWELL
# 1984

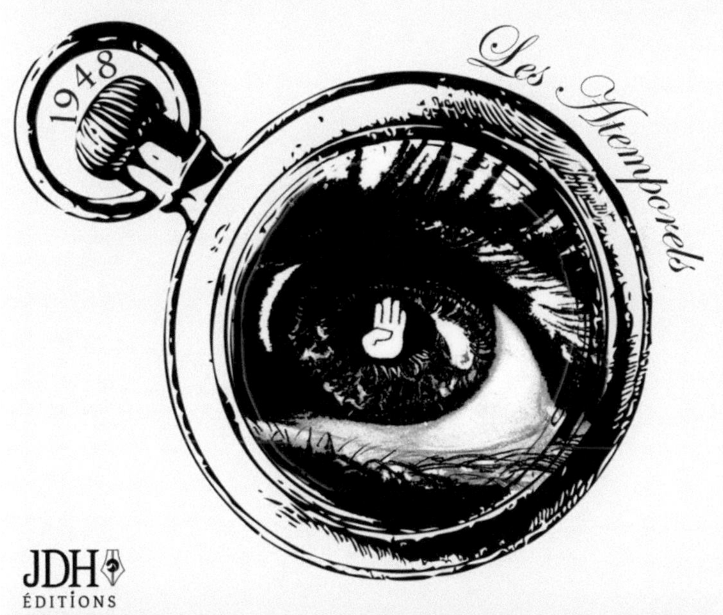


JDH
ÉDITIONS

Préfacé par JEAN-DAVID HADDAD

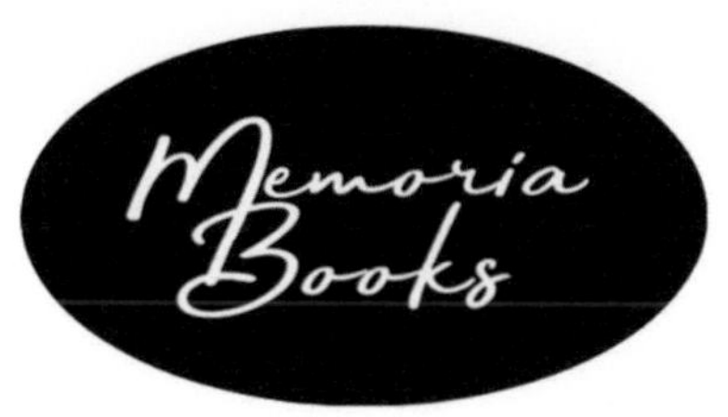

Diffusé par JDH Éditions

www.jdheditions.fr